理はあざやか

林　壽太郎

道友社

本書は、一九五九年に刊行された同名の単行本を文庫化したものです。復刊に際して、文字遣いや表現を一部改めました。

序

林壽太郎さんと相識《あいし》るようになったのはそう古いことではない。あれが林さんだという一応の面識があったのはかなり以前からであるが、共に親しく語り合って、ほんとうに偉い人だなあと思ったのは、昭和三十二年四月、林さんが布教委員会の委員になられ、毎月委員会で意見を聞くようになってからである。

偉い人だという言葉は、その意味内容が広く、すこぶるあいまいな言葉であり、時には俗臭さえ伴う言葉であるが、私がここで使っている偉いという言葉は、決して地位や名声ではなく、道のよふぼくとして心から尊敬の出来る人という意味である。

今日では道も二代三代の時代となって、父祖の積まれた理と徳を頂いて、大きな背景を持って活動している人々も数多いが、林さんは決してそうした意味での有名人ではない。

林家の入信は大正二年で、林さんが七歳の時であり、十二歳の時には、既に父君は、いま林さんが会長をしておられる弘徳《こうとく》分教会を設立しておられたのであるから、その意味では二代目である。しかし林さん自身も、十七歳の時から道一条を堅く心に誓い、二十一歳より単独布教に出て、錦京《きんきょう》分教会を設立する等《など》、父君と共におたすけ、布教に専念しておられるので、弘徳分教会長としては確か二代目であるが、初代的性格の人であるということが出来る。

しかも弘徳分教会が華々《はなばな》しい理の御守護を頂くようになったのは、教祖《おやさま》七十年祭御提唱以来のことである。即《すなわ》ち、教祖七十年祭の御提唱を受けられた当時、部下教会は僅《わず》かに林さんが設立した錦京一カ所という姿であった弘徳が、今日では部下名称七カ所と、布教所及び集談所百カ所近くを御守護頂き、大教会にしても恥ずかしくないような立派な教会の土地建物をお与え頂いておられる。

この素晴らしい御守護の蔭《かげ》には、素《もと》より父君以来伏せ込まれた理と徳があることは申すまでもないが、林さんの日々の通り方が大きく働いていることを見逃す訳にはいかない。私がよふぼくとして尊敬の出来る人と言うのはこの点である。この点については、この僅かな紙面で語ることも出来ないし、又《また》それは今回、君《くん》自身が著されたこの著書を通して、充分《じゅうぶん》読者には感じ取って頂けることと信ずるので多くは触れないが、唯《ただ》一言申し度《た》いことがある。

幸いにして我々は、数多いよふぼくの中に、筆舌《ひつぜつ》につくし難《がた》い苦難を越えつつ信念を貫き通して来られた数々の道すがらを見ることは出来る。それは我々の心に強い感動を呼び起こしてはくれるが、しかし時にそれは余りにも厳し過ぎて、情けないことではあるが、凡人の我々には、唯尊く仰ぎ見るだけで、とうてい真似《まね》が出来ないというような隔絶感を感ずるものさえある。

しかし林さんの道すがらには全くそれが無い。さりとて決して平凡な歩みというのではない。その日々は、全く道を求め、理を求める思いに充実されて、それが日常生活となって実践されている、全くすきのないものである。ああいう通り方をしていれば御守護頂けるのも当然だという、確かな感じを与えてくれる。それでいて我々凡人にも非常に親しみのある、近い感じで眺められるばかりでなく、道を通る喜びと楽しさを感ぜしめ、自分も一つ真似をしてやってみようという、積極的な気持ちを起こさしてくれる。

　これが林さんの特色であり、林さんこそ「誰でも連れて通って頂ける、万人の通れる道」の典型的なよふぼくだと申すことが出来る。

　私は今回のこの著書を通して、誰もが「理はあざやか」という確信と、これを体得する生活に向かって踏み切って行く強い意欲を与えられるに相違ないと信じている。

昭和三十四年八月一日

中山慶一

目次

第一章　ふしぎふしぎで成り立つみち

医者の手あまり神がたすける

「先生、もうだめです」

私の姿を見るやいなや、若い父親の坂本《さかもと》氏は、連日の看護で苦悩にゆがんだ顔を上げて言われました。

「先刻から痰《たん》がつめ上げてきて今にも息が絶えそうでした。医者も、もう一時間ほどの命だと言います」

十日ばかり前よりおたすけに通うていた坂本氏の長女で、当年二歳の高栄《たかえ》ちゃんの急性肺炎が次第に悪化してきたのでした。

昭和八年六月、私が二十七歳の時のことであります。

病床に喘《あえ》ぐ幼い高栄ちゃんの顔はすっかり土色に変わり、吐《つ》く息も力弱く、刻々と忍び寄る薄暗い死の影に覆われています。

言葉もなくじーっと病人を見つめている私の肺腑《はいふ》を抉《えぐ》るように、泣き崩れる母親の声が鋭く耳を突いてまいります。

「なんとしてでもたすかっていただきたい」

と、真心込めておたすけに運ばせていただいている病人の容体が日に日に悪化して、いよいよだめだと決まった、その臨終の枕頭《ちんとう》に座っているおたすけ人の切ない真剣な気持ちは、同じ体験をされた方々にはよく分かっていただけると存じます。

いかほど可愛《かわい》い我が子といえども、医者の手あまりとなれば、親の力でもどうすることもできません。私たちの身上は親神様よりのかしもの、私たちより言えばかりものと聞かせていただいておりますが、そのかりものが借りられぬ天命が迫ってまいりましたら、どんなにお医者様が親切に尽力してくださいましても、薬も注射も効かないのであります。この上は命の根元である、その貸し主の親神様におすがり申し上げ、ふしぎなおたすけを頂くより外《ほか》はありません。

「その親神様より自由《じゅうよう》自《じ》在《ざい》のご守護が頂ける、尊いおさづけの理を戴《いただ》いたみちのよふぼくとして、親神様に働いていただけないようでは申し訳ない。親神様は取り次ぐ人の心に乗って働くとお教えいただいているが、今こそおたすけ人である私自身の心定めが第一だ」

　ぐーっと込み上げてくる熱情とともに、必死の私の心に浮かんだのは、近所の預かり子をおたすけなされた教祖のお姿でありました。

　教祖三十一歳のころ、近所の家で、子供を五人も亡くした上、六人目の男児も乳不足で育てかねているのを見るに忍びず、親切に引き取って世話をしておられましたところ、図らずもこの預かり子が疱瘡《ほうそう》に罹《かか》り、一心込めての看護にもかかわらず十一日目には黒疱瘡となりました。医者はとてもたすからんと匙《さじ》を投げましたが、教祖は、

「我が世話中に死なせては、せっかくお世話した甲斐《かい》がない」

と思われ、氏神に百日の跣足詣《はだしまい》りをし、天に向かって八百万《やおよろず》の神々に、

「無理な願いではございますが、預かり子の疱瘡難しいところ、おたすけくださいませ。その代わりに、男子一人を残し、娘二人の命を身代わりに差し出し申します。それでも不足でございますれば、願《がん》満ちたその上は私の命をも差し上げ申します」
と一心込めて祈願されたところ、預かり子は日一日と快方に向かい、やがて全快したと申します。

その教祖のひながたが、フト私の心に浮かんだのでした。

「親神様、何とぞ、高栄ちゃんをおたすけくださいませ。もしも高栄ちゃんに寿命がないようなれば、私の子の弘子《ひろこ》の命とお継ぎ替えくださいませ」

土壇場《どたんば》に立ったおたすけ人の一心で、私はとっさに心を定めると、重苦しい雰囲気を打破するように、声高らかに瀕死《ひんし》の高栄ちゃんにおさづけを取り次がせていただきました。

教会へ帰り、親神様に祈願をして振り返りますと、「お帰りなさい」と妻が弘子を抱いて出てきました。今年の二月に生まれた長女で、丸々と肥《こ》え、私が相手をいたしますと、漸《よう》くにこにこ笑うようになった可愛い盛りです。―こんなに丈夫に成人しているのに。この子の笑顔一つで家族一同、どんなに和やかな喜びに満たされているか分からないのに。いかにたすけ一条への燃ゆる真実の上からとはいえ、私の一存であんな心定めをして、もしも、もしも、この弘子が――」

と思いますと、思わず知らず重いものが胸へ突き上げてきて、取り返しのつかぬことをしでかしたような、たまらない寂しさに襲われました。

こうした心定めは私一人の胸に秘め、私の家族も、当の坂本氏さえご存じありませんでした。

翌朝、坂本氏の家へまいりますと、すばらしいご守護です。わずか一夜の間にころりと容体が変わり、いきいきした生気が頰《ほお》に漲《みなぎ》っています。

「おかげさまで、たすけていただきました」

と、昨日に変わる潑剌《はつらつ》たる声で坂本氏夫妻はお礼を述べられ、高栄ちゃんは日ごとに薄紙をはぐように回復し、ほんとうに夢のようなふしぎなご守護を頂かれました。

「ふしぎふしぎで成り立つみち」
とお教えいただいておりますが、かくのごとき奇跡とも言うべき珍しいご守護が津々浦々《つつうらうら》、至る所に続出いたします故、世間から嘲笑《ちょうしょう》、反対、圧迫を受けつつも天理教は日に月に広がり、わずか立教百二十二年の短時日の間に、現在一万五千有余の教会ができてまいったのであります。

ではどうして、このような医者の手あまりの瀕死の大病が、自由自在にあざやかなご守護を頂けるのでしょうか。

それは、私たちが天理王命《てんりおうのみこと》と称《とな》えて信仰させていただいております親神様は、人間世界をご創造くださり、天に仰ぐ月日のように世界を隈《くま》なくお照らしくださり、温《ぬく》み水気《すいき》をはじめ、すべてにわたって厚いご守護を司《つかさど》り、万《よろず》の物を生かしお育てくだされている、元の神様、実の神様であるからであります。

しかもその親神様は、すべてのご守護をなしくだされているのみならず、私たちを生み下ろしてくださいました親身のをやとして、

月日にハせかいぢう丶ハみなわが子
たすけたいとの心ばかりで　八 4

にち〳〵にをやのしやんとゆうものわ
たすけるもよふばかりをもてる　十四 35

と仰せになり、人間が我が子を思うのと同じように、ただただ私たちをたすけたいとの切なる親心をお示しくださり、

どのよふなたすけするのもしんちつの
をやがいるからみなひきうける　七 101

とのお言葉のごとく、どのような事でも引き受けておたすけくださいます真実の親神様であります故、いかなる身上・事情も、願うまことの心一つで、あざやかなご守護が頂けるのであります。

このように、私たちはこのおみちによって、肉親の親の上に、いま一つ、真実のをやがおられることを初めて分からせていただいたのであります。永遠に変わることなく私たちの上をお見守りくださり、喜びも悲しみもそのまま打ち明けておすがりすることができる親神様の温かい親心に抱かれて、

日々連れて通っていただける私たちみちの者はまことに幸福で、そこに真の安心と陽気ぐらしが生まれてくるのであります。

天理王命と称える親神様こそ、世界と人間をご創造くださり、万一切のご守護をなしくださる元の神様、実の神様であり、私たちの親身のをやであるということを、しっかり心に治めさせていただくことが、ふしぎふしぎの珍しいおたすけが頂ける土台であると悟らせていただきます。

ふしから芽が出るありがたさ

翌昭和九年の春、二歳となった私の子の弘子がむずかりますので、懇意のK医師を迎えました。

「麻疹《はしか》ですが、高熱です故、万一頭へのぼるといけませんから冷やしてください」

との言葉にて氷袋を当てますと、にわかに容体が変わり、内攻して肺炎となりました。

　驚いたK医師は、注射だ、湿布だと懸命に処置をしてくださり、また、親教会へもおたすけを頼み、種々さんげもさせていただきましたが、肋膜炎《ろくまくえん》や膀胱炎《ぼうこうえん》を併発し、二カ月ほどの間にこじれこじれて小児結核となりました。乳を吸う力さえなくなって、一日一日衰弱が加わり、K医師が親切に案内して来てくださった、京都屈指の小児科の大家であるA博士B博士さえ、手のつけようもないほどの重体で、誰が見ても、もう絶対に回復するとは思われませんでした。

　誰にも話はしておりませんが、私の頭には昨年の、坂本氏のおたすけの時の心定めが浮かんでおりました。

「みちのよふぼくとして、たとえ万分の一でも、教祖のひながたを踏ませていただけば本望だ」

と、衰弱しきった我が子の枕辺《まくらべ》で教祖のひながたを偲《しの》ばせていただきました。

　いよいよ弘子の身上が迫ったある日、初代会長である父が、家族一同を集めて申しました。

「もうこの上は、弘子の身上は親神様の思召《おぼしめし》におまかせし、私たちとしては、このふしを生かさせていただくことが大切や。ついては私の一世一代のふしんとして、目の黒い間に親教会の建築をさせていただき、未亡人となられた会長様に生涯安心して過ごしていただきたいと念願していたが、この際、そのごふしんに取りかからせていただく心定めをさせていただこう」

親教会のごふしんは私も前より熱望しておりましたので、一同心を揃《そろ》え、勇んで心定めのお願いづとめをさせていただきました。

夜半の嵐に花の散るがごとく、いまだ人の世の蕾《つぼみ》のまま、痛ましくも死出の旅路に出《い》で立つ我が子のために、菩提寺《ぼだいじ》を建てるような心です。子供を先立たせる不徳な親のさんげとして、せめて可愛《かわい》い子供の形見に、たすけ一条の仕事場である親教会のごふしんをさせていただき、永遠に残るこふきをつくらせていただけば結構だ。形のふしんは心のふしん、理のふしんと聞かせていただいている。形のふしんは親神様のお与えにおまかせし、私自身の心のふしん、理のふしんに懸命につとめさせていただきますと、堅い決心をさせていただきました。

「心盛んがみち盛ん」

とお教えいただいておりますが、生死に直面してこそ、根強い信仰も摑《つか》ませていただき、真剣な炎も燃え上がらせていただけるのです。その炎の燃え上がるところ、

「ふしから芽が出る」

とのお言葉通り、ふしぎににをいがかかり、みちが伸び、連日連夜、息つく暇もないほど忙しくおたすけに没頭させていただきました。幸い両親や妻の信仰により看護は一任し、私はたすけ一条に邁進《まいしん》させていただくことができ、時には遠方へも泊まりがけでまいります。

「弘子さんのご容体いかがですか」

「もう今日明日です。留守中に出直しかも分かりません」

「そんな大病の中を来ていただいて、万一死に目に会っていただけなかったら」

「いいえ、我が子のことで親神様の御用を欠かしては申し訳ありません」

と、張り切って強く答えてはいるものの、遠い旅の空でフト夜中に目を覚ま

しますと、出直しかかっている弘子の顔が浮かんでまいります。今にも途絶えそうな、かすかな呼吸さえ伝わってくるように感じられます。たった一人の最愛の者を失ったあとの寂しさ――そうしたことを思いかけますと、たまらないやるせなさに、知らず知らず涙が枕を濡らしました。

ある日もおたすけに歩いている路上で、妻の姉に会いますと、

「林さん、あんたみたいにおたすけ、おたすけと、おたすけも結構ですが、現在我が子の弘子さんが出直しかかっておられるではありませんか。なんぼおみちや言うても、せめて一日くらい落ち着いて介抱してあげねば、万一のことがあれば親としてかわいそうじゃありませんか」

と、たまりかねたように言ってくださいました。私は、

「ご親切にありがとうございます。けれども私が付いていても、たすかるものでもありません。弘子のことは親神様まかせです。それよりも私の心は、おたすけ先の理の子のことでいっぱいです。こかん様がお出直しなさいました時の教祖のお心が、いささかにても分からせていただきました」

と答えました。

同じく聞かせていただいている教祖御伝も、我が身自身が大ふしに直面してこそ、一層力強く心に蘇《よみがえ》らせていただけるのであります。

かくて弘子の身上は、今日か明日かと死線をさまよいつつ、もちつづけて七月下旬となりました。

その時突然、布教の御用で樺太《からふと》（現在のサハリン）へ行かねばならぬことが起こりました。いかに便利な世の中とはいえ、遠く離れた樺太です。

「今日を最後と、生き別れの決心をして行くように。後のことは万事引き受ける」

との父の言葉に、せめて今生の形見にと、骨と皮とに痩《や》せ細った弘子を抱いて、家族一同で記念写真を撮り、私は樺太へと出発いたしました。

これを病気の頂点として、ふしぎにも後頭部へプツンと出来た腫《は》れ物の口があき、毎日毎日臭い膿《うみ》がトロリトロリと連続して出るに従い、次第に拭《ぬぐ》われたように元気づき、二カ月後、私が樺太から帰りますと、もうこれなら大丈夫という状態にまで回復しておりました。ほんとうに奇跡ともいうべきご守護で、医師も信者も町内の人々も、死んだ者が蘇ったように驚かれました。

かくて弘子の身上もすきやかにご守護を頂き、めでたく親教会である神徳《しんとく》分教会のごふしんも完成し、やがて私の方の教会のふしんという芽を出させていただくこととなったのでした。

爾来《じらい》二十数年間は夢のように経過いたしました。

その間、弘子は一度のけつまずきもなく、すくすくと成人させていただき、恙《つつが》なく女学校も天理教校修養科も卒業し、弘徳早乙女《さおとめ》会主任として女子青年の指導や、縦の布教である弘徳学園および鼓笛隊の育成につとめさせていただいておりましたが、昭和三十一年二月、教祖七十年祭期間中に、上級教会長様のお言葉により、神徳分教会の息子様に嫁がせていただきました。現在は、その息子様が会長に就任され、その会長夫人として、すでに男の子まで授けていただいております。

「天然自然、成ってくるのが天の理」

と聞かせていただいておりますが、二十数年前、あの弘子の大病の時、瀕死《ひんし》の枕辺で、子供を先立たせる親の不徳をさんげし、せめて我が子の菩提寺を建てる心で親教会のごふしんの心定めをさせていただきましたのに、今、その心血を注いだ建物の中に、本人の弘子が会長夫人として住まわせていただき、世継ぎの男子として私の孫まで授けていただくとは思いもよらぬことにて、思えば奇《く》しき親神様の御はかりごとであります。

坂本高栄さんも結婚し、同じく子供も授かり、その坂本氏の関係より現在、三カ所の集談所が生まれてきております。

ここで申し上げたいことは、教祖のご恩であります。

教祖は天保九年十月二十六日、御年四十一歳で月日のやしろと召され、明治二十年陰暦正月二十六日、一れつ子供の成人を急《せ》き込み、二十五年の寿命を縮めて、御年九十歳をもって現身《うつしみ》をおかくしくださるまで五十年の長き間、口に筆に親神様の思召を説き明かされ、身をもってひながたをお示しくだされたのみならず、御魂は永久に人類お宿し込みの元のやしきであるおぢばに留《とど》まられ、今なお存命の理として陽気ぐらしの世界実現のため、日夜お働きくだされているのであります。

信心のみちすがらには幾重幾重のふしがあります。ふしがあればこそ親神様の思召も悟れ、心の成人もさせていただけるのですが、その時、私たちの心に入り込んでお導きくださるのは、教祖のひながたであります。

人に語れる苦労は、まだ真の苦労の中に入っておりません。語るに語れない、泣くに泣けないどん底で、フト浮かぶのは教祖のひながたであります。私たちは教祖のひながたによって、どんなつらい中も苦しい中も、心明るく勇んで通り切らせていただけるのです。

思えば、目には見えねど教祖御苦労のお徳を頂き、今なお存命の理としてお働きくださる御手に引かれて、お連れ通りいただいている私たちであることを悟らせていただくとともに、その教祖の大恩を深く思わせていただくことが大切だと存じます。

次に、教会のごふしんに伏せ込みをさせていただく理は、偉大なお徳の頂けるものだということを悟らせていただくことであります。

医者の手あまりとなった坂本高栄さんと、引き続く私の長女・弘子の大病が、かくもあざやかにご守護を頂きましたのは、ただ一つ、親教会のごふしんに誠心誠意、真剣な伏せ込みをさせていただいた理によってであります。教会は親神様、教祖のお住まいで、世界たすけの出張《でば》り場所であります。その土台であるごふしんに伏せ込みをさせていただく理は、いかなる難病もたすかり、ない寿命でもつながせていただくのみならず、末代尽きぬ偉大なお徳の頂けるものであることを、私の体験で申し上げられる次第であります。

今後とも、おぢばや上級教会のごふしんが打ち出されました時は、今こそ、生涯末代のお徳の頂ける旬だと、勇みに勇んで真実の理を伏せ込ませていただかねばならぬと存じます。

次に申し上げたいことは、私のおたすけの体験などは、ほんの微々たるものでありまして、先輩の先生方をはじめ、現在一万五千有余の教会長様方、ならびにみちのよふぼくとしておつとめくださる先生方は、私以上に、皆様方にたすかっていただくために、精魂を込めてご丹精くだされているのであります。

世間では、天理教を信仰すれば貧乏するとか、山を売るとか田を売るとか、よく噂《うわさ》されていますが、それはご自身の贅沢《ぜいたく》や遊楽のために消費されたのではなく、皆様方にたすかっていただくために、おたすけ人として、陰の祈り、陰の伏せ込みとしての理づくりをしてくだされたのであります。

先生方は田や山どころか、自己にとって一番大切な我が身、我が家すら捧《ささ》げ切って、一日も早く陽気ぐらしの世界が実現できるようにと日夜、東奔西走《とうほんせい そう》し、身命《しんめい》を賭《と》してたすけ一条にご挺身《ていしん》くだされているのであります。我が身、我が家のことのみを考え、私利私欲を追うておられる人々の多い世の中に、神一条をめどうに、世界たすけの土台となってくださっておられます、みちのよふぼくの先生方に、私は日々満腔《まんこう》の感謝の心をもって通らせていただいているのであります。

それではなぜ、みちのよふぼくの方々は、笑われ罵《ののし》られつつも、我が身、我が家を忘れ、たすけ一条に丹精をされるのでしょうか。それは、各自各自のいんねんを自覚されたからであります。いんねんの自覚こそ、神一条の筋金の入った信仰を貫く根底であります。

次に、先祖代々より連なる悪いんねんに苦しんだ林家が、結構にいんねんを切り替えていただいた体験を述べさせていただきましょう。

第二章　いんねん切り替えがたすかるもと

初めて分かるいんねんの理

私の父、天理教弘徳分教会初代会長を伊太郎《いたろう》、母をひさと申します。

京都の中心街、三条《さんじょう》河原《かわら》町《まち》で「塩林堂《えんりんどう》」と号し菓子問屋を経営、当時としては珍しかった電話もとりつけ、店員五、六人、女中二人を置いて、販路は全市内はもとより、遠く伏見《ふしみ》・丹波《たんば》・西江州《ごうしゅう》まで伸び、京都名産「すはま」を京都駅へ売り出し、家業は日の出の勢いで発展しておりました。

私も小学校三年生まで女中に送り迎えをされ、何不自由なく暮らしておりましたが、母が元来蒲柳《ほりゅう》の質《しつ》の上に、あまりに商売が忙しく、産後の養生が十分にできなかったのが原因となり、絶えずどこか悪く、毎月医者にかかりづめでした。

「四十歳まで、もちましょうか」

と医者に尋ねますと、

「とてもとても。あなたの身体《からだ》は曇った空のようで、からりと晴れた時はなく、茶碗《ちゃわん》で言えば、ひびが入っているようなもの、いつこわれるか分かりません」

と宣告されていたほどの常病人でした。

大正二年の秋、出入りの菓子商中西《なかにし》氏が、

「お宅は今、商売は盛大にしておられますが、子たちのためには親が長生きすることが一番幸福です。その長生きばかりは人間の力でどうすることもできません」

と、商取引の暇々におみちのお話をされ、弘法《こうぼう》さんをはじめ各方面の信心に篤《あつ》かった父母は、珍しい神様のお話に熱心に耳をかたむけ、特にいんねんの理については、ひとしお感銘を深くしたのでした。

父の故郷は滋賀県で、父の父、すなわち私の祖父は安田伊兵衛《やすだいへえ》と申し、かなりの農家の長男に生まれましたが、幼少で実母に死別し、継母ができ、その継母に義弟が生まれました。継母は自分が生んだ実子が可愛《かわい》く、従って、先妻の子である祖父と、とかく円満に行かず、祖父の嫁は義理の仲の苦労に耐えかね、実家へ帰ってしまいました。二度目に迎えた嫁も日夜悩みつづけ、付近の淵《ふち》へ身を投げ、自殺をしてしまいました。

　こうしたことが先祖にあるとは、父は少しも知りませんでした。

　私が出生して以来、毎年凍傷がひどくでき、特に十三歳の時には骨まで見えるほど化膿《かのう》しましたので、母が大教会の先生に、

「これはどうしたいんねんでしょうか」

とお伺いしますと、

「凍傷は血液の循環が悪く、化膿してくるのですから、お宅のご先祖に、たまり水のように心をくさらして亡くなられた霊様《みたま》で、お祀《まつ》りするのが欠けている方がないか、ご先祖をお調べになったらどうですか」

と聞かせていただき、祖父の故郷を訪れ、古老たちに尋ねて、初めて前記の

事情を知ったのでした。

そこで、これら先祖の霊様の慰霊祭をしますと、ふしぎにもその年から私の凍傷ができなくなりました。私の凍傷がふしとなって、林家の先祖の秘められたいいんねんが判明したのであります。

継母のために二度まで嫁の続かなかった祖父は、ついに相続すべき安田家を出て、隣村の安土《あづち》村に移住し、林家を創立しました。そこで三度目の嫁である祖母くまを娶《めと》って生まれたのが、私の父、伊太郎であります。

祖父は寺子屋を開き、読書・算数・華道などを教えていましたが、父をはじめ弟妹が次々と生まれますと、生活困難となり、父は十一歳で付近の農家へ下男に出され、きびしい主人のもとで、幼い身を粉《こ》にして働きながら育ったのでした。

父が十三歳の時、かねてより病中だった祖父の容体が急変しましたので、祖母が奉公先へ駆けつけてきて、

「お父さんが危篤《きとく》や、早く、早く」

と呼び立て、急いで走り帰りました。

「エエッ」

と驚いた父が、母親の後を追おうとしますと、ちょうどその時、風呂を焚《た》いていた最中だったので、

「風呂が沸いてから行ったらよい」

とのご主人の命令です。沸かし終えて、無我夢中で我が家へ駆けつけましたが、時すでに遅く、祖父は息を引きとられた後でした。

夫に死に別れ、幼児を抱えた祖母は生計に窮《きゅう》し、同村の鰥夫《やもお》、某氏と同棲《どうせい》することになりました。父は思いもよらぬ継父ができ、たまの休みに我が家へ帰っても、元のような和やかさはなく、幼くして親を失《うしの》うた寂しさを痛感しつつ成人してきたのでありました。

祖父は幼少で実母に死別し、継母のため二度の結婚も続かず、ついには実家を出て三度目の結婚をしましたが、その子である父もまた、十三歳で実父に死別し、継父に仕えねばならぬこととなりました。

先祖代々、親が中年で死亡し、継父継母の義理の仲で苦しまねばならぬいいんねん。

奉公人の悲しさで、風呂を焚いていたために親の死に目にも会えなかったいんねん。

そこで父はいつも、

「林家ほどいんねんの悪い家はない。私ほど不幸な者はなかった」

と、繰り返し繰り返し申しておりました。

父は十九歳の時、農家の下男では将来頭が上がらぬと考え、京都へ出て菓子の製造を習い、二十六歳で母ひさと結婚し、開業いたしました。父は幼少より苦労し、奉公でたたき上げてありますので、寸暇《すんか》も惜しんで働き通し、開店以来十年で前述のように、京都屈指の菓子問屋へと成功したのですが、その商売発展の裏に、先祖よりつながる悪いんねんの影が、母の身上となって徐々に迫りつつあったのであります。

母の実家は日下《くさか》家と申し、京都で十三代続いた質屋で、家作もある旧家でしたが、これまた代々親が若死にで、母の母は胎内にいる間に父親が死亡したため、その顔を知りませんでした。母もその実母に十一歳で死別し、継母にかかり、十五歳で実父も死んだので、どんなことも自分一人の小さい胸に秘めて、義理のつらさをしみじみと身に染みて娘時代を過ごしてきたのでした。

やがて縁があって嫁いできたのが、先祖代々親が若死にで、義理に悩んできた林家でした。

「いんねん寄せて守護する」

とのお言葉のごとく、同じいんねんを持った父と母が夫婦となり、しかも、その母が産後の患いから常病人となり、医者から「四十歳までもちません」と言われたのが、私が九歳、妹が七歳の時でした。四十くらいなれば、どうしても父は後妻を迎えねばならず、そうなれば可愛い我が子に、また自分と同じ義理の仲の憂き目を見せねばなりません。

川上濁れば川下濁る。先祖が歩んできた通りになってくるいんねんの理ほど、はっきりとして恐ろしいものはありません。

思えば私たちは、人生の第一歩を踏み出す誕生の時から、すでにいんねんの支配を受けているのであります。都会に生まれるのも、農村に生まれるのも、裕福な家に生まれるのも、貧乏な家に生まれるのも、どんな親の所へどんな姿をもって生まれてくるのも、みな自分が選んで生まれてきたのではないのです。好むと好まざるとにかかわらず、天命のまにまに生まれてきましたので、その時からすでに各自各自の持っているいんねんに、ひらきができているのです。

樹木で言えば、いんねんは根、運命は枝先のようなもので、根であるいんねん通りの理が、枝先である運命の姿となって現れてまいるのであります。いんねんの良い人は根がいきいきしているようなもので、大地よりの栄養を十分に吸収しますから枝先が繁茂《はんも》するごとく、学校・職場・結婚・家庭・子供など、すべてのことが順調に行き、明るい運命が開けてまいります。いんねんの悪い人は根がくさっているようなもので、大地よりの栄養を吸収しませんから枝先が枯れていくごとく、不運な運命に悩まねばならぬのであります。

親神様のご守護は、大地と同じく誰にもへだてなく、温かい親心と厚いご守護をお恵みくだされているのですが、各自各自の持っているいんねんによって、現れてくる運命の姿が変わってくるのです。

私たちをたすけたいとの親神様の思召《おぼしめし》である、おみちのお話を取り次がせていただきましても、魂についたいんねんの良い人は、大地の栄養を吸収するように素直に受け入れられ、聞き分けができて、すくすくとご守護を頂き成人されます。魂についたいんねんの悪い人は、いくらたすかる話を取り次がせていただきましても、根がくさっていて大地の栄養を吸収しないのと同じく、受け付けなかったり、こじくれて悟ったりして、なかなか親神様の親心が悟れず、みすみすたすかるものでも、我《われ》と我が手でたすからぬようにしてしまわれるのです。これを、いんねんが邪魔をするとも、いんねんに引かされるとも申すのであります。

いんねんも種々ありまして、今生十五歳以来の日々の心遣いや通り方が種《たね》となって、将来の運命に芽生えてくるのが今生積んだいんねんで、また、魂についた前生持ち越しのいんねんもあれば、先祖代々積もり重なった理が子孫に現れてくる、家系に連なったいんねんもあります。

我が先祖にはどんないんねんがあるのか、自分はどんなみちを通ってきたのかと、我が身、我が家のいんねんの自覚をさせていただくことが、まずおたすけを頂く根本であります。

今までの信仰は、

「これもいんねんだ。諦《あきら》めるより仕方がない」

と、ただ悟りをひらいて諦めているだけで、いんねんの元はどこにあるのか、どうすればいんねんが切り替えられるのかということが分からなかったので、親より子、子より孫と、代々悪《あ》しきいんねんが伝わり、苦悩を重ねてきたのであります。

このたび、このおみちによって、初めていんねんの元を説き明かし、いんねん切り替えのみちをお教えいただいて、いよいよ新しい運命の建設に立ち上がり、皆々勇んで陽気ぐらしへの門出をさせていただけることになったのは、私たちにとって、いかばかり幸福かと喜ばせていただきます。

生きた鯛と死んだ鯛

いかにすれば悪いんねんを切り替え、陽気ぐらしへの門出をさせていただけるか。

それは、たんのうとひのきしんの実行であります。

たんのうとは単なる諦めでもなければ、辛抱でもありません。親神様が種々いんねんをお見せくださるのは、それによって心を入れ替え、陽気ぐらしへ導きたいとの篤《あつ》い親心からであります故、日々いかなることが起こってきましても、成ってくる理を通じ、その中に親神様の思召《おぼしめし》を悟り、ますます心の成人につとめ、喜び勇んで通らせていただくことであります。

父母はあらゆる神仏にお参りをしておりましたが、特に弘法《こうぼう》さんには、葱《ねぎ》まで断って信心をしていたほど熱心でした。

それは、父の故郷の滋賀県安土山《あづちやま》に弘法さんがお祀《まつ》りしてあり、幼少時代より母に連れられてお参りしていたのですが、十三歳で実父に死別してからは誰一人頼りにする人もないので、なおさら弘法さんを唯一の心の拠《よ》りどころとしていたのでした。

十九歳で京都へ出る時も、弘法さんにお願いした上で菓子職を習い、二十六歳で開店したのも、その開店資金を出してくださった方も、みな弘法さんの導きに従い実行して、爾後《じご》十年間で前述のように成功しました。これ全く弘法さんのおかげだと、東寺《とうじ》や、高野山《こうやさん》や、安土山やと始終参詣《さんけい》し、弘法さん弘法さんと、とても熱心に信仰しておりました。

なるほど弘法さんのお徳で商売は繁盛いたしましたが、片腕と頼む妻、すなわち私の母が常病人で、今、四十歳までもたぬと医者に見放されたいんねんの元はどこにあるか。いかにすれば、このいんねんを切り替えさせていただけるかということは、弘法さんの信仰では分からなかったのであります。

このみちのお話によって、初めて、

「病の元は心から」

「夫の患いは妻のさんげ、妻の患いは夫のお詫《わ》び」

と聞かせていただきました。

夫は天の理、妻は地の理。天の理である夫が春の大空のように大らかな心なれば、地にある草木がすくすくと伸びていくように、妻も子も心豊かに、すこやかに過ごせます。天である夫が、木枯らし吹きすさぶような心なれば、地にある草木が動揺するように、妻や子が身上で悩むのは当然の理でありま す。

父は一時もじっと落ち着くことのできない人で、自分が苦労をして育ってきただけに、率先して働くとともに、周囲の者の動作を目だるく思い、番頭がぐずぐずしていると算盤《そろばん》でなぐりつけるような人でした。また、父の外出の時は、夜の一時でも二時でも母は雨戸によりかかって居眠りしながら待っており、父が戸を叩《たた》くやいなや、「ハイ」とすぐ開けぬと気に入らぬほどの短気さでした。

弘法さんの信心はあれほど熱心にしておりましたが、信心は信心、性格は性格として通ってまいりました故、信心のお徳は頂けますが、また性格が醸《かも》し出すいんねんはいんねんとして、運命の上に生えてきていたのでした。

「わしは十一から奉公して働き通し、裸一貫からここまでやり上げてきたのだ」

と思うところに、父は何を見ても不足を感じ、絶えず口やかましく苛立《いらだ》たしい生活を続けてきたのですが、かしもの・かりものの理が分かり、親神様のご守護があればこそ今日まで思うように働かせていただいてきたのだということが悟れるにつれ、「わしが」「俺《おれ》が」の「我《が》」の心もとれ、周囲の者をいたわる心も湧《わ》き、春のような長閑《のどか》な家庭へと変わっていったのでした。

　このみちの信心は、親神様の思召を定規として、心の掃除をさせていただくことが大切で、心が変わりますからいんねんも変わるのであって、神一条の理を土台とした心の入れ替えこそ、いんねん切り替えの第一歩であります。

　ひのきしんとは、親神様のご恩が心に治まる時、なんでも親神様のお役に立ち、ご恩報じをさせていただきたいとの感謝の喜びが、おのずからその態度や行為に表れたもので、その熱意はやがて、親神様のお望みくださる世界一れつ陽気ぐらしを達成するために、たすけ一条へ丹精させていただきたいという真実となってまいります。

十二　90

なさけないとのよにしやんしたとても
　人をたすける心ないので

とお教えいただいておりますが、父が弘法さんに葱まで断って信心しておりましたのは、弘法さんのおかげで商売が繁盛した、金が儲《もう》かったと、飴《あめ》やパンを貰《もら》って喜ぶ子供のように、我が身、我が家のことばかりをお願いしていた、子供の信心に熱心だったのでした。

今、天理教になって、初めて人様にたすかっていただいて結構という、与えて喜ぶ大人の信仰へ進ませていただいたのであります。

大正四年八月、追い追いおみちのお話が心に治まるにつけ、先祖代々よりの林家のいんねんを自覚し、そのいんねんが子孫に伝わって、いかに金ができても、親が中年で死んだり、可愛《かわい》い子供に義理の憂き目を見せたりしては何にもならない。それよりもまず、根底であるいんねんを切り替えさせていただくことが大切だと、教祖のひながたをたどり、みち一条に立たせていただく心定めをしたのでした。

こうした噂《うわさ》がパッと立ちますと、出入りの商人や、軒を並べている繁華街の近隣たちは、あたかもその秋、大正天皇の御即位の御大典が迫っており、全国から京都へ参集し、商店は儲かることが分かりきっているので、目前の利益をみすみす取り逃がして、何を好んで天理教になるのかと、異口同音に大反対し、ついには親族十五名が勢揃《ぞろ》いをして乗り込んできて、信仰をやめさせようとしました。

驚いた父母は教会へ使いを走らせ、先生を呼び、釈明をしてもらおうとしましたが、一同は先生に一言も言わせず、

「この京都の目抜き通りで、これほど成功した林家を、天理教に引っ張り込んで潰《つぶ》してしまうつもりか」

と食ってかかり、祀ってあったお社《やしろ》さえ壊そうというさわぎになりましたので、

「それでは、天理教の信仰はやめます」

と、父母は一同を安堵《あんど》させて帰ってもらいました。しかしその翌日、親族に無断でまず電話を売り、店員たちの処置をつけ、バタバタと店をたたんで、

一家は親教会の神徳宣教所へ入り込んでしまったのでした。

それを聞いた親族一同は、

「我々をだました」

と怒り罵《ののし》り、中には朱書きの意見書さえよこした家がありました。しかし父母は、この大反対の中を通ってこそ、教祖のひながたの万分の一でも踏ませていただくことになるのだと、人情に流れず、理を立て切って通り抜けさせていただいたのであります。

時に、父三十六歳、母三十五歳、私九歳、妹七歳でした。

入信後まだ一年余のこととて、母はおぢばも上級教会も知らず、もちろん別席も運んでおらず、直接の親教会でさえ二度よりかえったことなく、一家をあげて住み込んだのが三度目という状態でした。ただ、お借りしたみかぐらうたの本を、繰り返し繰り返し読ませていただき、

「これこそ、まさしく神様のお言葉である。これに基づいて進ませていただけば間違いはない」

と、みかぐらうた本一冊が頼りで実行させていただいたのだと、いつも母は

申しておりました。

九月に父が天理教校別科（修養科の前身）第十五期に入学いたしますと、河原町《かわらまち》大教会初代会長・深谷源次郎《ふかやげんじろう》先生がその話を聞かれ、

「林さん、あんたとここそ、神様に生きた鯛《たい》を供えられたようなもんや。身上・事情迫ってやむを得ずおみち通るは、死んだ鯛を供えるようなもの。世間も惜しい、自分も惜しいと思う中を、すきやか、あざやか思い切る理にいんねん切れるのや」

と、大変お喜びいただいたそうであります。

父の留守中、母は私と妹の二人を連れ、柱は傾き、雨は漏る二畳と三畳の教会の離れ家で、貯金や商売の貸付金で生活をしつつ、終日ひのきしんをさせていただいておりました。

当時、親教会の神徳宣教所は、設置直後で信徒も少なく、月次祭にはいつも母がただ一人、ポツンと座って参っているだけで、従って家賃は滞り、米屋や炭屋の支払いもたまり、困難な最中でした。

しかし母は、京都にたくさん教会もあるのに、よりによってこうした苦労

最中の教会につかせていただくのも、親神様の思召である。今、布教の始めで苦労しておられる理の親に、喜んでいただくよう尽くさせていただいてこそ、先祖代々、親に早く死に別れ、親で苦しむ林家のいんねんも切らせていただけるのだと悟り、ほかに人がなければなおのこと、私だけでも懸命につとめさせていただこうと、爾来《じらい》四十四年間、率先して親教会へつとめさせていただいてまいったのでした。

「形を見るのやない、理を見て通れ」

と聞かせていただいておりますが、教会でも、多くの方が賑《にぎ》やかにかえっておられる中に交じっておりますと、自然に自分の心も陽気に勇んでいますが、お参りも少ない寂しい教会ですと、なんとなく自分の心も活気が抜けるようになります。しかし、いかほど多くの人々がひのきしんをしておられましても、自分に頂く徳は、自分がひのきしんさせていただけより、ほかには頂けないのです。さすれば、百人がひのきしんをしたら、頂く徳は百分の一で、十人ならば十分の一のお徳が頂けるのです。羊羹《ようかん》一本でも百切れより十切れに切った方が厚いのが貰えるわけで、誰一人ひのきしんをする人もなく、自分一人がさせていただけば丸ごとの理が頂け、羊羹でも一本そのまま貰えるようなもので、一番お徳が頂けるのです。

林家が今日、結構なお徳を頂けたのも、入信当初、親教会に誰一人ひのきしんする方がなかったおかげやでと、母はいつも申しております。

信者の少ない教会、寂しい教会につかせていただいている者ほど、親神様や教祖が私を待ちかねてくださっている、今こそ丸ごとの大なるお徳の頂ける旬だと、なおさら勇んで真実の理を伏せ込ませていただくことが大切だと存じます。

根ざしがよければ芽ざしがよい

大正五年二月、父が天理教校別科を卒業し、同年四月、現在の中京区（昭和四年までは上京区）堺町通《さかいまちどおり》竹屋町《たけやまち》上ル路地の小さい一戸を借り受け、弘道《こうどう》

組集談所を開設、布教を開始することとなりました。母は、

「新聞の集金人になれば戸ごとに入れるから、病人さんもよく分かるだろう」

と、集金人となり、勤務の傍らににをいがけに努力したのでした。

当時は婦人の集金人といえば、貧困な家庭の人たちが多いので、行く先々で見下げられて通りましたが、特に、昨年まで菓子問屋をしていた三条河原町付近が受け持ち区域に当たり、顔見知りの隣近所へ集金に行く時ばかりは、身を削られるような思いがしたと、今でも当時を追想して申しております。

同じように軒を並べ、商売を盛大にし、数人の店員や女中を使っていた身が、しかも、

「林さん、天理教に深入りしてはだめですよ」

と、再三大反対を受けた家々へ、一年たたずして新聞集金人として行くのですから、

「それみたことか。菓子問屋のおかみさんも、とうとう天理教にだまされて集金人をしている」

と、陰で口々に噂《うわさ》をしているに違いない。

しかし母は、

「これもにをいがけのためや。親神様の御用や。このできん苦労をしてこそ、いんねんも切らせていただけるのや」

と、その中を大きい心になり、「あほ」になって通らせていただいたのでした。

追い追いにをいが掛かり、たすかってくださる方もでき、家が狭くなりましたので、翌六年十二月、中京区車屋町通《くるまやちょうどおり》竹屋町下ル少将井御旅町《しょうしょういおたびちょう》三五五へ移転しました。そして翌大正七年五月二十日、ご本部のお許しを頂き、河原町大教会西陣《にしじん》分教会眞榮《しんえい》支教会神徳宣教所部内として、弘徳宣教所を設置させていただきました。ちょうど私の十二歳の時でした。

「弘徳」の「弘」は弘法《こうぼう》さんの「弘」で、おかげを貰《もら》って喜んでいた子供の信仰ではありましたが、弘法さんの信仰があったなればこそ、このおみちの理も一層早く悟らせていただき、形は天理教となっても、事実は弘法さんと同じく、人だすけのためにつとめさせていただくこととなったのです故、弘法さんにもお喜びいただくよう、元のご恩を忘れぬため、特に父が弘法さんの「弘」をつけ、徳を弘《ひろ》めるたすけ場所という意味で、弘徳宣教所の名称でお許しを頂いたのであります。

教会設置十九年後の昭和十二年に、現在の北区（昭和三十年まで上京区）小山西大野町《こやまにしおおのちょう》五〇の百三十八坪余りの地に新築移転をさせていただきましたが、再び二十年後の昭和三十二年に、北区小山堀池町《こやまほりいけちょう》三六の六百五十余坪の現在地に新築移転し、部内の教会、布教所、集談所も次々お与えを頂くこととなりました。

四十歳までもたぬと医者から宣告されていた母が、現在七十九歳の高齢で、いとも壮健に過ごさせていただき、日々帰ってくる信者の方々にご教理を取り次ぎ、孫に男子二人女子二人を見せていただいておりますが、林家が始まって孫の顔が見えたということは初めてであります。その孫である私の長女が、前述のごとく親教会へ嫁ぎ、男子を授かり、母にとっては曾孫《ひまご》まで見せていただきました。先祖のことを思えば、まことに夢のようないんねんの変わり方であります。

父は九年前、七十一歳で出直しさせていただきましたが、当時母は七十歳で、私の長女は十八歳、長男は十六歳になっていましたので、元旦祭と大祭の座りづとめは家族がさせていただいておりました。夫婦揃《そろ》って初縁なりで、共白髪《ともしらが》の古稀《こき》まで添わせていただき、祖父母、父母、子と、三代六人がめでたくおつとめをさせていただけるありがたさ。これ全く親神様のご守護、教祖のお徳と、ただただお礼申し上げ、参拝者一同の感激もまた、ひとしお深くありました。

父が六十三歳の時、亡祖父・伊兵衛大人《うし》の五十年祭を執行しました。五十年祭だからとて五十人の親族および主な信者に参拝していただき、霊祭後、父は一同に次のような挨拶《あいさつ》をいたしました。

「ちょうど五十年前の本日、亡父が出直した時、私はわずか十三歳でした。奉公人の悲しさで、風呂を焚《た》いていたため親の死に目にも会えず、その後継父ができ、義理の仲で苦しんで育ってきました。そのいんねんの悪い林家が、世間で言う、福《ふく》・禄《ろく》・寿《じゅ》の三つ揃ったようなめでたい家庭とならせていただきました。まず、第一の福は、七つの倉より子は宝、一人の男の子より孫に男子二人を授かりました。第二の禄は、こうして清らかな親神様のみもとで心豊かに過ごさせていただいています。第三の寿は、夫婦初婚なりで元気に暮らさせていただいています。そして今日、亡父の五十年祭をかくも立派につとめさせていただけたのも、皆このおみちの信仰のおかげです。先祖代々いんねんの悪い林家でも、このようにおたすけいただけるのですから、皆様方はなおのこと、たすかっていただけます。どこのお宅も、どこのお宅も、福禄寿の三つ揃うめでたい家庭になっていただき、陽気ぐらしをしていただくことが天理教の目的であります」

父の挨拶に一同深く感銘されましたが、父母がみち一条に立たせていただく時、反対嘲笑《ちょうしょう》した十五軒の親族はその後どうなっているか。あるいは夫が死に、妻が死に、財産が潰《つぶ》れるなど、先祖のいんねん通りが現れているのでした。

かくて父は、昭和二十五年九月三十日に七十一歳で出直させていただきましたが、その年の五月より、

「自分としては十分のお徳を頂いた。今年九月いっぱいやで」

と申しておりました。九月十七日にはまだ庭へ下りて写真を撮ったり、十九日には色紙に字を書いたりしていましたが、二十日から、

「そろそろ、葬式の相談をしようか」

と、便箋《びんせん》四十枚ほどに、告別式の通知先、祭官雅楽員名、玉串順、係員、御供養はじめ十日二十日三十日の霊祭、忌明《きあ》け挨拶、香典返しなど、詳細に家族一同と協議のうえ筆記していきました。葬式屋、花屋、霊柩車《れいきゅうしゃ》なども交渉し、葬儀万端の準備が完了しましたのが二十五日であります。

翌二十六日より、ご本部、大教会はじめ上級教会の親神様、教祖、初代会長霊様《みたま》、会長様、常詰一同様、にをいの親様、ご指導を頂いた先生方、弘法さんまで、生涯を通じてお世話になったところを一々落ちのないように、父になり代わって私が、今日までお引き立てを頂いたお礼の挨拶に回らせていただきました。行く先々の先生方は驚いて、

「生前中にお礼を頂くのは、あなたのところだけです」

と感激され、また主なる信徒にも、おみちの上に長年尽力してくださったことを感謝し、記念品を贈りました。

父は二十七日より床につきかけ、痛みも苦しみもなく、ただ食事が次第に細りゆく状態だけで、いよいよ三十日午後七時、役員三十名を招集しました。出直しに当たりお礼づとめをするようにとの父の言葉により、一同で陽気づとめを奏上。その勇ましい鳴物の音を聞きつつ、寝床より親神様、教祖、祖霊《みたま》様を遥拝《ようはい》し、お礼を申し上げ、おつとめ終了後も元気で一同に、

「こうして妻や息子夫婦、孫をはじめ多くの人に見守られ、お礼づとめをなし、安心して出直しをさせていただける。ありがたいことや。私の父の出直しと、今の私の出直しと、雲泥《うんでい》の相違や。みち一条に出させていただいてより三十五年、このみちはハイハイハイと這《は》いのぼるみちで、その時その時の御用を精いっぱい、まごころ込めてつとめさせていただいている間に、いつしかこのようにいんねんを変えていただいたのや。また、私は母が出直してより四十五年間、毎月墓参りを欠かしたことがない。先祖を大切にする理で良い息子が授かり、老後も安心させていただけるのや」

などと語り、

「皆さん、ご苦労さん。こうして出直しさせていただくのや。よう見ておき

や」

と、十時まで大声で話をしていましたのが、同二十分、楽々と眠るように出直しをさせていただきました。

五月より、九月いっぱいと申しておりましたが、その通り九月三十日午後十時二十分で、告別式も父の企画通り、いとも盛大に執行させていただきました。

閉ざされた心の窓を開き、心についたほこりを掃除して魂が澄み切り、あまねき親神様の光を受けます時、このように人生の一大事である「死」のことさえ予知され、万遺漏《ばんいろう》なき準備をととのえ、心豊かに安らかな出直しをさせていただけるのであります。

おみちの信仰のありがたさは、いかなる悪《あ》しきいんねんでも切り替え、生涯陽気づくめの生活をさせていただけるのみならず、永遠に生き通しの魂の上にまで、安心立命《あんじんりゅうめい》の輝かしい徳が授けていただけるのです。

多くの財産を持ちながら、周囲の人々と心が合わず不平不満で過ごしていたり、長らくの病床に臥《ふ》して、人生の最後を苦しみ悩んでおられる方々も多くあります。よしや多額の財産を築きましても、すべてはかりもので、いずれはこの世へ置いていかねばなりません。この世に残す財産のために、心をあせり、人と争い、人に恨まれ、幾多ほこりを積み重ね、結局は悪いいんねんだけを来生へ背負うていく人の一生は、無意味な生涯と申さねばなりません。

この世をお治めくださる真実のをやである親神様の懐《ふところ》に抱かれ、親神様の思召《おぼしめし》のまにまに、身上すこやかに、心豊かに、明るい家庭を築き、生き通しの魂に徳を頂き、末代子孫栄える理をつくらせていただいて、我《われ》も喜び、人も喜ぶ真の陽気ぐらしの生涯を過ごさせていただくことが、最も有意義な人生の歩みだと悟らせていただき、林家のご守護を頂いた体験を述べさせていただきました。

今一つ、おみちにとって一番大切なことは、「元一日の理」「元初《もとはじ》まりの理」であります。紋型もないところからご創造くださいました親神様の元初まりの思召が、今日の世界人類への伸展となり、天保九年十月二十六日、教祖を月日のやしろと召されて親神様が表へ現れ、だめの教えをお始めいただいた元一日の理が、今日の盛大なおみちとなってきたのであります。

「根ざしがよければ芽ざしがよい」

と聞かせていただいておりますが、私たちも、新しい運命を築かせていただく門出である入信のはじめ、みち一条への出方が、いかに大切なものであるかということを痛感させていただきます。

父が京都の中心街で、盛大に営業しておりました菓子問屋をさらりと捨てて、すべてを納消《なっしょう》し、みち一条に立たせていただいたのが、三十六歳の時であります。

昭和三十二年に決定しました今度の新やしきは六百五十余坪ありますが、三六番地の一筆であります。初代会長である父がみち一条に立たせていただいた元初まりの年齢が、奇《く》しくも永久に忘れられない番地の上に表されていることも、深き親神様のご摂理と思わせていただきます。

また父は、商売しておれば商売いちまき（もっぱらそのことばかりであるさまをいう方言）、おみち通ればおみちいちまきで、碁《ご》、将棋その他、何一つ趣味のなかった人ですが、ただ一つ庭木だけを愛しておりました。おたすけの暇々に丹精をこらし、出直し後も、信者の方が墓前に盆栽をお供えされるほどですが、今度のおやしきは元公卿《くぎょう》様の邸宅で、一番よいのが庭園であります。松、樫《かし》、楓《かえで》、躑躅《つつじ》など数百本の樹木に、庭石あり、灯籠《とうろう》あり、茶室あり、東屋《あずまや》まであります。

父の唯一の趣味であった庭木の麗《うるわ》しいおやしきの、清々《すがすが》しい御神殿に霊《みたま》を奉祀《ほうし》させていただく巡り合わせになってきましたのも、

「成ってくるのが天の理」

とお教えいただいておりますように、初代会長である父の伏せ込みの理の現れと悟らせていただきます。

かくのごとく、みちのために伏せ込んだ理はどこへも行かず、年限とともに一粒万倍の理としてお返しくださり、後日になると、なるほどと納得をさせていただくのでありますが、元初まり、元一日に、すきやか、あざやか、生きた鯛を供えるような、思い切りのよい信仰をさせていただくことが最も大切であるということを悟らせていただきます。

第三章　親のみち、子のみち

鍵をかける親心

「お母さん、まだ――」

寂しそうに妹のとくが申しました。

もう日はとっくに落ちて、近所の子供も帰ってしまい、家々の重たい表戸もみな下ろされていました。何一つ聞こえない静寂の底にとり残された、十歳の私と八歳の妹の二人だけが、ほの暗い路地の電灯の下で毬《まり》をつきつつ、帰りの遅い父母を待っていたのでした。

大正五年四月、父母が集談所を開設し、布教を始めたころのことであります。

このように、父母は早朝より深更《しんこう》までおたすけに奔走《ほんそう》し、当時、小学校四年と二年の私たち兄妹が学校から帰ってきますと、いつも戸閉めばかりで、錠をあけて入ると、戸棚の上に貰《もら》い合わせのわずかな菓子か、それがない時は、おやつ代として一銭銅貨が二つ載せてありました。

二人はそれだけのおやつで終日留守番をし、食事時が来ると、神様のお下がりの麩《ふ》か湯葉を焼いて冷えたご飯を食し、父母の帰りの遅い晩は待ちくたぶれて、こたつもなくマントをかぶり、うたた寝をしてしまったことも再三ありました。

親教会の夜のおつとめ日には、家の中に子供二人だけを寝かし、外から鍵《かぎ》をかけて出かけていくのが常で、

「かわいそうに、留守中にもしものことがあったら」

と近所の人に噂《うわさ》されるほどでしたが、母は、

「親がついていても、怪我《けが》をする時には怪我をする。親神様がついていていてくださるから」

と力強く申しておりました。友達から何かにつけて天理教とからかわれ、子

供心に寂しく思う日も幾度かありましたが、母はその都度、私たち二人に親神様の結構なお話を説いて聞かし、

「お父さんも十三歳で、お母さんも十一歳で親に死に別れた不幸者や。なんぼ商売を盛大にしていても、お父さんやお母さんが死んだら何にもならんやろう。今、そのいんねんを切ってもらっている最中や。友達がなんぼ笑《わろ》うてもかまへん。気にかけんと勉強さえしてたらよいのや」

と私たちを励まして通りました。

やがて菓子問屋営業中の貯蓄は上納金や布教費に全部消費し、母や妹の衣類が一枚一枚、古着屋へ売られていきました。おたすけが忙しくなるにつれ、母は新聞集金人をやめ、布教に専念することとなり、その余暇に夜遅くまで仕立物の内職をして、会計のやり繰りをしていましたが、私や妹も学校から帰ってくると、一本巻いて一銭、一箱詰めて二十銭などの線香の賃仕事をして手助けをいたしました。

それでも母は一言の愚痴《ぐち》もこぼさず、

「こんなことは元よりの覚悟や。教祖のことを思えばまだまだ結構や」

と、ただ一筋に教祖のひながたをめどうに、日々張り切った心で通りました。どんな困難な中も母が一人できりまわし、父には一切会計の心配をかけず、心ゆたかにおたすけに丹精できるよう、心を配って通っておりました。

また母は、いつも薄暗い電灯の下で、自分も仕立物の内職をしながら、線香巻きの賃仕事をしている私や妹に、青物を売って家計をたすけられた秀司《しゅうじ》先生や、十七歳で大坂へ神名を流しに行かれたこかん様のお話を語って聞かせましたので、幼い私たちも、

「少しでも、親神様のお役に立たせていただきたい」

と、今日は二十銭できた、今日は三十銭できたと、勉強の傍ら賃仕事にいそしんだのでした。

布教開始三年目の大正七年五月、教会設置のお許しを頂きましたが、まだ信者も少なく、会計は窮乏のどん底にありました。

信者の子の墨で汚れた本や鞄《かばん》を借り、時には履物もなく、貰った女物の靴を履いて通学したこともあり、わずかばかり残っている着替えを持って、母について質屋の門をくぐったことも度々ありました。

妹の小学校卒業記念の伊勢神宮修学旅行に、一円三十銭の旅費の工面がつかず、妹は夢に見るほど楽しみにしていますのでやめるわけにもいかず、ちょうど出発の前夜、妹の身体《からだ》に「じんましん」が出ましたので、これ幸いと母は妹を説得し、妹も身上のため、やむを得ず得心して旅行を断念いたしました。どこの親でも、可愛《かわい》い我が子の修学旅行には、服よ靴よと懸命になるのに、身上になって行けぬようになったのを、親神様のおかげやとお礼を申し上げた母でした。

こうしたどん底の中にもかかわらず、夫に死亡され三歳の幼児をかかえて生活難で路頭に迷うている母子を気の毒に思い、教会へ引きとり世話をしていました。母はその母子に心配をかけぬよう、いつも風呂へやり、その留守中に自分や妹の衣類を質屋へ運び、米に換えて、その母子には何げない顔で、「親神様にもたれておれば心配いりません。安心して神様の御用をさせていただきなさい」

と、朗らかに勇ませて通ったのでした。その母子は、こうした母の陰の苦心を知らず、

「教会さんは結構どすなあ」

と、いかにも余裕があるように思い、のんびりした気持ちで暮らしていたのでした。


こうした生活の中からでも、母はみかぐらうたの、

ふじゆうなきやうにしてやらう
かみのこゝろにもたれつけ　九下り目　2

とのお言葉を信じ切り、親神様に薄紙一枚の隙間《すきま》もないようにしっかりもたれて、勇んでおたすけにつとめさせていただきさえすれば、必ず不自由ないように連れて通っていただけるとの強い信念で布教に邁進《まいしん》しておりましたので、幼い私や妹の心にも、

「形はいかほど苦労でも、このおみちほどありがたいものはない。なんとしてでも父母の志を継ぎ、たすけ一条に献身させていただきたい」

との、堅い堅い信仰が植えつけられていったのでした。


近時、縦の布教の重要性が強調され、幼少年の信仰指導のため種々ご尽力をしてくだされていますが、その先生方のご指導の成果が上がる最重要な要

素は、みちのお供をしている親たちの心と伏せ込みの理でありますことを、私の体験より申し上げられます。特に大切なのは、母親の心遣いと実行の理であります。

子供が明るく正しく、すくすくと成人するために必要なのは、決して豊かな物質や境遇だけではありません。いかに恵まれた家庭でも、悪いんねんの理が子供の魂に入り込めば、その子は誘惑の淵《ふち》へ引きずられ、こじれこじれて、我が子を思う親の愛の手でも引きもどすことのできぬ、悪いんねんの道へ走ってしまうのです。我が子といえども親の思うようにならないのは、悪いんねんにつかれた子供の心であります。

親神様の理が子供の魂に入り込んでくださいます時には、親がそんなに心配しなくとも、子供自身の心の悟りによって、いかなる苦労の境遇の中からでも、親へ安心を与える心が湧き上がり、雨に耐え嵐に耐えて、明るい人生を築いていくのです。

子供の魂に親神様の理が入り込んでくださることが最も大切で、そこにこそ、家庭教育も学校教育も、信条教育も生かされるのだと悟らせていただきます。

それには、子供は枝先、親が根であります故、根である親がしっかり親神様のご恩を心におさめさせていただき、我が家のいんねんを自覚し、悪いんねんを切り替え、親神様に入り込んでいただけるような、徳の伏せ込みをさせていただくことと、教祖のひながたであるみちを通る喜びを、子供の心に日々植えつけさせていただくことが大切だと存じます。

私が今日、いささかにても、みちの上に成人させていただけましたのは、母がみちのために伏せ込み切った理と、子供心に親神様の結構な話を諄々《じゅんじゅん》と説き聞かせた情と、いかな苦労の中でも勇んで通った、教祖のひながたを中心とした明るい家庭の雰囲気のおかげでした。

そこで私は、役員、住み込み人、信徒一同に、常日ごろから、

「親神様、教祖、祖霊《みたま》様の次は母であるから、母の理を立て、どんなことでも母に喜んでいただく方針でつとめさせていただくように」

と申しております。

一昨年十二月、新築移転奉告祭を滞りなく執行させていただきましたのも、

親神様、教祖のご守護と、上級教会のお徳は申すまでもありませんが、現在七十九歳の母に、

「神床の高さはこれでよろしいか」

「この樹木はどこへ移植しましょう」

「この電気のスイッチはどこへつけましょう」

と、設計はもとより、一樹一石を動かす細部にわたるまで一々見ていただき、意向を尋ねて決定しましたおかげであります。出入りの作事方も、

「どこへ行っても、八十近いお婆さんに、そんなに一々尋ねておられるところはありません」

と感心されていましたが、私は、

「とにかく母が喜ばれるよう、母の思うようにしてほしい」

と、紋型もないところから、弘徳のみちの元初《もとはじ》まりを築き上げてくださった、親の理を立て切って通らせていただいたおかげで、新築移転という大事業が、かくも順調にご守護いただけたのだと信じさせていただいております。

十二円の給料

私は勉強が好きで小学校の成績もよく、いつも級長や副級長をしておりましたので、先生も再三父母に会って中学校への入学を勧められましたが、こうした困難な会計状態です故、どうすることもできず、内職をしながら高等小学校へ通学しました。

十五歳の春、高小卒業後、直ちに市役所の給仕に就職し、日給四十二銭で月末に十二円余りの給料袋を頂き、封のしたままご神前にお供えいたしますと、母は涙を浮かべて喜び、

「これで家賃の心配だけはさせていただかなくてもよいようになった。親神様や教祖にも、ご安心していただける」

と、ともども親神様にお礼申し上げました。まだ成人した信者も少なく、毎月の家賃に大変苦労をしていたのでした。

なれぬ勤めでつらい日の数々もありましたが、勤務を終えて夕方、教会へ

帰り、

「くたぶれたやろう。けれどこれも皆、神様の御用や。今の苦労が先の楽しみ。もう暫《しばら》くお父さんやお母さんをたすけると思うて、辛抱しておくれや」と優しく説き聞かす母の言葉を聞くと、みちのために苦労してくださっている父母に、このうえ自分のことで心配をかけたくないと思い、

「皆も親切にしてくださる。少しもつらいことなんかありゃしない」

と何げなく申すのでした。すると母は、

「そりゃ、よいわね。皆様が可愛《かわい》がってくださったら」

と、安心したように申しました。

かくて、昼は給仕として勤め、夜は夜学に通い、その間、早稲田大学文学科講義録などを読み、寸暇《すんか》を惜しんで勉強を続けさせていただいておりました。

数年前、布教部のご指名で、ある大きな教会へ講演に出させていただきましたが、講演終了後、その教会の会長様から、

「先生はどちらの大学を卒業されましたのですか」

と尋ねられ、

「いいえ、大学は出ておりません」

と答えました。

「それでは専門学校ですか」

「いいえ」

「それでは中学校ですか」

「いいえ、ちょうど進学時期が、教会の困難な最中に当たりましたので、高小を出ただけで役所の給仕をし、会計をたすけさせていただいてまいったのです」

と申しますと、その会長様は大変感激されて、

「なぜ、そのお話を講演の中でしてくださらなかったのです」

と残念がられたことがあります。

わずか高小だけしか出ていない私を理の親と慕い、私の言葉を素直に実行してくださる、医学博士をはじめ会社の重役、学校の先生など、知識層の理の子を数多く授かり、また、ご指名のまにまに『みちのとも』や『陽気』に

次々と原稿を書かせていただき、ラジオ放送にも再三出させていただいて、地方委員、支部長、道友社講師、引き続き布教部講師、布教委員会委員と、思いもよらぬ大役のご命を頂き、届かぬ者が恙《つつが》なく御用をつとめさせていただいてまいりましたことは、これひとえに、

「親がみちの上に苦労させていただいている時に、子供も、ともども苦労させていただいておいてこそ、親の伏せ込んだ理を生かせていただけるのや」

との父母の堅い信仰に基づき、親と一つ心になって、素直につとめさせていただいてきたおかげであります。

会計が困難のため、高小一年で中退し、女中奉公をして教会をたすけた妹のとくも、現在は初弘徳《はっこうとく》分教会長としてみちの御用をつとめさせていただいておりますが、艱難《かんなん》苦労こそ各自をつくり上げる真の宝であります。

みちの子弟の方々で、最高学府を卒業しながら、親神様のお役に立たず、たすけ一条の理もつくらず過ごしておられる人々を見受けますが、まことに惜しいことで、ここに縦の布教の重要性があります。学校教育と並行して、その教育を生かす根本である、親神様、教祖のご恩、およびおみちのご教理

を徹底し、たすけ一条のみちを歩む者の喜びを伝え、次代を背負う若い人々の上に、親神様のご守護を豊かに賜《たまわ》り、清新溌剌《はつらつ》たる気構えをもって立ち上がっていただけるよう、懇切に指導をさせていただくことが、最も肝要なことだと存じます。

第四章　悩み悩んだ青年時代

みち一条への門出

次に、私がみち一条に立たせていただく決意をかためた動機を述べさせていただきましょう。

私は高小卒業後、困難な教会会計をたすけるため、直ちに市役所の給仕に就職したのでありますが、その給仕生活の二年間に、子供心で見てきたおみちの世界と、一般社会の世界に、あまりにも大なるへだたりのあることをしみじみ痛感したのでした。

まず、就職して第一にぶつかったのは先輩の給仕、浅田《あさだ》の問題であります。浅田は色の白い利口な少年で、一年半ばかり前より勤務していたのですが、私が同僚として勤めることが決定しますと、今まで自分一人に集めていた課員の人々の寵愛《ちょうあい》を、新任して来た私にとられまいとの態度を、一日一日露骨にあらわしてきたのでした。

利口な彼は、私が就職直後で分からぬ事務の処理を尋ねても、満足に教えてくれず、かえって不なれな未熟や落ち度を誇張して課員に話し、それとなく私の無能を中傷し、自分の頭のよさを誇示し、課員の心が私に向くのを阻止するようつとめるのです。

就職早々、ただ一人力と頼む同僚より、こうした態度をとられて、社会への第一歩を踏み出すやいなや、私は泣くにも泣けぬ辛酸をなめたのでした。

そこで、ある時は菓子を、ある時はパンを買って与えて、浅田のご機嫌をとっては重要な事務の指導を請うたのでした。そうしたことをすると、浅田はあさましいほど現金で、滔々《とうとう》として機嫌よく教えてくれるのです。生存競争の激しい社会は、たとえ職場の片隅である給仕の世界ですら現金主義で、そこでは学校卒業の時に頂いた品行方正、学術優等の賞状も通らず、真実の心よりも、百の依頼の言葉よりも、一片のパン、一袋の菓子がどれほどの力を発揮するかを知ったのであります。同時に心ならずも、やむを得ずそうしなければ自分の職務が遂行できない、勤勉着実だけでは世わたりが不可能な社会を情けなく感じたのでした。

物に支配をされる世界、それは単に給仕の浅田だけではありませんでした。瀟洒《しょうしゃ》な背広を着け、折り鞄《かばん》を提げ、すました顔をして登庁してくる課員の方々の姿を見ていますと、どの人もこの人も、新進の文化生活をしている颯《さっ》爽《そう》たる態度ですが、その洋服も月賦《げっぷ》払いで、その折り鞄には昼の弁当箱が入っている始末です。

当時、五十円ないし六十円の給料取りといえば中流でしたが、世帯を持ち、妻子を養い、風采《ふうさい》を張って暮らそうとしますと、なかなか容易ではありませんでした。従って、わずか二円や三円の増俸でも、誰それはいくらだの、何某はどうのと、目の色を変えて議論百出し、半期末の賞与前になりますと、七割だの八割だの、今年は少ない、どこそこの官庁は何割だ、会社は得だのと、一カ月あまり前から大さわぎです。

それはやがて、少しでも自己に利得になる方へ走るようになり、立身出世を図るため、目に見えた上役への媚《こび》や追従《ついしょう》となり、利口上手に上役へ取り入って、うなぎ上りに上っていく者と、取り残されていく者のねたみ、そねみで自然に派閥ができ、その当時の課員の勢力争いは大変なものでした。

こうした社会の下積み生活を、一年二年と過ごしていくうちに、私自身もいつしか社会の表裏、人情の機微も分かり、顔色を一目見て、今日はご機嫌が良いか悪いかということもすぐ読み取れるようになりました。どんなことを言われても何げなく受け流して通り、その時その人に応じて流暢《りゅうちょう》に付き合いもし、事務にも精通して、単に給仕の用のみならず、書記の仕事さえ手伝ってするようになりましたので、皆から可愛《かわい》がられ、信用され、間なしに雇員に登用される由を聞かされました。

しかし、日々こうしたあさましい社会の断層を見るにつけ、ひとしお感銘深く感じるのは、朝夕親神様に仕え、ただ一筋にたすけ一条に専念している、清らかな美しい父母の生活であります。

自己の体面を重んじ、風采をかざることのみにとらわれている世の中に対して、父は紋付の羽織の色はあせ、セルの袴《はかま》も色やけし、母は木綿の着物に化粧もなく無造作な姿でありますが、毎日語ることは、親神様のご恩、教祖のひながた、人のたすかることばかりです。

社会では、人の失策をねらい、落ち度を誇張して吹聴《ふいちょう》し、自分の手腕を認めてもらうことのみに努力をしていますのに、父母は、人の失策や落ち度のみならず、ほこりまで、

「私たちがいたらぬからや」

と、悪《あ》しきことの一切はみな自分が引きかぶって通り、まだその上、他人の病気や家庭の事情まで、見せていただく自分のいんねんだと、さんげ、お詫《わ》びをしているのです。

社会では、わずか二円三円の増俸に目の色を変えて、ねたみ、そねみの渦を巻き起こしておりますのに、父母は人にたすかっていただくために、自分の衣類をぬいででも上級教会のお供えとして、陰の祈り、陰の伏せ込みに懸命になっているのです。

父母はただ一筋に、親神様のお役に立つこと、人々のたすかってくださる

ことを楽しみに日夜、東奔西走《とうほんせいそう》しておりましたが、その間に、不治の病気が全快した人、不良の息子が更生した人、不和の家庭が円満になった人、そのほか暗い運命に呻吟《しんぎん》していた人々が、親神様のご守護を頂き、次々と父母を慕《しと》うて教会へかえってこられました。

教会は、全人類の真実のをやである親神様のお住まいであり、おやざとであるおぢばの出張《でば》り場所、教祖のひながたをたどり、神一条の理を伝え、たすけ一条の取り次ぎをさせていただく所であります故、教会へ参拝することをも「かえらせていただく」と私は申すのであります。

教会へかえってこられた人々は、親元へ帰ったようなのびのびした心で、地位のある人もない人も、金のある人もない人も、みな平等に同じハッピ姿で、威張る人もなければさげすむ人もなく、互い立て合いたすけ合い、晴れやかな喜びに包まれ、いそいそとしてひのきしんをしておられます。

こうした和やかな陽気ぐらしのおみちの世界と、人を押しのけてでも、我《われ》さえよければとの我欲と闘争に渦まく一般社会の世界を比較してみる時、あまりにも雲泥《うんでい》の相違のあることを痛感したのでした。

この醜い世の中を一掃し、世界全人類が平等に、喜び勇んで暮らせる永遠の平和、永遠の幸福は、いかにすれば実現し得られるか。今、教会に集う人々が喜び勇んで陽気ぐらしをしておられるように、全世界の人々の心が澄み切り、親神様の思召《おぼしめし》とご守護の理が分かればよいのだ。世界最後の教え、だめの教えと聞かせていただいている、この天理の御《み》教えがあまねく世界に敷衍《ふえん》されることにおいてのみ、初めて陽気づくめに世界おさまる日も実現させていただけるのである。

あさましい社会の波にもまれて、二円三円の増俸をあせってどうなるのか。媚と追従でうなぎ上りに上ってどうなるのか。よしや地位を得、財産を蓄積しても、やがて究極は「死」であり、「死」の前には一切は無となってしまうのだ。

今、父母が歩んでいるたすけ一条のみちは、山坂や茨畔《いばらぐろ》と、幾多の困難あるみちなれど、暗闇にさまよえる人々に輝かしい更生の光明を与え、やがては世界一れつの陽気ぐらしを実現させていただく偉大なる仕事である。人は一代、理は末代。永遠に理の残るこの親神様の御用である聖業に、父母の伏せ込んだ理を生かし、命を捧《ささ》げ切らせていただくことこそ、最も私にふさわしい有意義な人生であると悟らせていただきました。

十七歳の七月、やや教会会計も確立してきましたので、父より、

「今までは教会のことをたすけてもらっていたが、これからはおまえの好いたみちを歩んだらよい」

と聞かされました。そこで、いよいよみち一条で通る決意を述べ、同じ通るのなら一日も早い方がよいと悟り、同月、役所を辞し、上級教会に青年として住み込ませていただくこととなったのであります。

ほこりにまみれて成人へ

かくて十七歳の七月、みち一条の志を立て、教会の青年生活に入ったのですが、二十一歳の二月に天理教校別科に入学するまでの三年六カ月こそ、ほこりにまみれやすい自己の人間性を払拭《ふっしょく》し、一歩一歩、神一条のみちのよふ

ぼくたる信念の把握へ成人する求道過程として、特に純真な青春期の精神的煩悶《はんもん》と闘った、生涯を通じて最も苦難な伏せ込み時代であり、同時に、今日の私を築き上げた重要な期間であったのであります。

これは今後、みち一条を通られる若い人々、ならびにその青年方を指導される教会長様方のご参考として、私のさんげと体験を申し上げるのであります。

最初、私がみち一条の決意をしました時、当時まだ住み込み人がなかったので、父は自分の教会を手伝わそうと思っていたのですが、私自身は後日、信者の方々から、

「他人のご飯も食べたことなく、ずーっと我が家で大きくなられた人やから」

と言われるのが嫌《いや》さに、上級教会でつとめ、一人前になってから我が教会へ帰りたいと、たって希望しました。そこで、父も仕方なく折れて、上級教会の住み込み青年としてつとめることとなったのであります。

上級教会へ住み込み、まず第一に体験したことは、特に封建的な伝統の伝わる京都のことですから、青年づとめとはいえ、奉公人としての心の動きでありま す。

住み込みをさせていただいたその夜、生まれて初めて他家の寝床に伏した故、夜が更けても頭はますますさえてきて、どうしても寝つかれず、明け方に少しまどろんだのみでした。

初奉公――いつか雑誌で、初奉公で苦労している少年の物語を読み、同情の涙をそそいだことがありましたが、今、それが私自身の上にきていることをしみじみと痛感したのでした。

線香巻きの賃仕事をしつつ通学した小学生時代、役所の給仕をして教会会計をたすけて過ごした少年時代、よしや形はどんなに貧苦のどん底生活でありましても、そこには楽しい我が家があり、我が子をかばう温かい親の愛があり、のびのびとした自由な心の世界があったのであります。

たとえ衣食住は何の不自由もなく過ごさせていただいておりましても、住み込みづとめの生活は、毎日毎日が油断も隙《すき》もない張りつめた日々で、我が心の時間というものがありませんでした。そしていつしか、のびのびした大らかな気分を喪失させ、すべてを批判的に見るようになり、知らず知らずの間に卑屈な心や、ひがみ心が湧《わ》いてくるのです。我が家にいる時には、夢にも思うていなかったそうした心が、奉公人という立場におかれた時、自然に芽生えてくる。環境が精神の上に与える力の大きさを、しみじみと味わったのでした。

たとえて申しますと、二十個の饅頭《まんじゅう》を分けるにしても、私はまず、住み込みの人へ先に分かち、最後に我が子に与えます。我が子に先に与え、住み込みの人を後にしても、配る饅頭の数には変わりはないのですが、そこに言うに言えない気分の起こるのは、奉公した経験のある人しか分かりません。

「通らんみちは分からん」

とお教えいただいておりますが、自分が通ってこそ、他家でご飯を頂く人々の心も分かり、人情の機微も会得させていただけるのです。それがやがて人を使う立場となった時、人々に満足を与えて育てる理となって現れてくるので、机上の理想論だけではだめであります。

今後、多くの人々の理の親となってくださる教会の後継者の方々は、まず自分自身がつとめのみちを通って、下々の人の心の動きを会得していただいておくことが、最もも重要なたすけ一条の土台で、そうでなければ砂上の塔のような傾向が起きてくることと思わせていただきます。


第二の体験は、教会生活をしている人々の姿であります。

布教開始より教会新設早々の、第一線の真剣なおたすけ生活の中に育った私は、給仕生活で醜い社会のありさまを見て、美しい神一条の生活にあこがれ、純真な青年の希望と期待をもって上級教会に住み込ませていただいたのですが、一月たち二月たつうちに、いろいろの人の姿を見たのでした。

ご神徳は燦然《さんぜん》として輝き、教会の理は隆々として栄えておりますが、舞台が大きければ大きいほど種々雑多な人が入り込んでおられるのです。当時の教会には十数人の住み込みの方がおられ、みな熱心に親神様の御用をしておられましたが、性格は各自まちまちで、我《が》の強い人、身びいきな人、ねたみ心の人、へつらい心の人など、各自の魂についたいんねんが、神聖な教会生活の陰で、時としてほこりの渦を巻き起こしているのを見ます時、「これでもおみちか」と、理想が清かっただけ、期待が大きかっただけに、ひとしお純真な心を裏切られた感じが起こり、私自身ほこりを積む日も幾度かありました。

しかしよく考えますと、教会はそれでよいのであって、人のほこりを見て、ほこりを積む方が間違いなのです。

教会はたすけ道場で、どんな人でもたすかっていただく場所であります。道にたとえますと、畦道《あぜみち》は人だけしか通れませんが、街道となれば、自転車も通りハイヤーも走り、オートバイもトラックも駆けますように、教会も細道からだんだん大きな道になるに従い、いろいろな人が入ってこられます。

親神様のご恩を思い、教祖のひながたをたどり、たすけ一条の土台にならせていただけば結構と、真実込めてつとめてくださっている真のみちのよふぼくの人。そのよふぼくへ成人するため、自己の修養に入っている人。自分の病気をたすけてもらいたいばかりで入っている人。生活難で困り、衣食住の世話になりに入っている人。不良や遊蕩《ゆうとう》で行き詰まり、親や親族にも見捨てられ、どこへも行く所がなく、やむを得ず入ってきている人……。そのほか千差万別、種々のいんねんの人々が入ってこられ、身心ともにたすかっていかれる道すがらです。

それを、おみちに浅い者は、教会に住み込んでおられる人は皆、心のよくできた、完成した人ばかりだと思い違いをいたしますから、自分がほこりを積むこととなるのであります。

私の教会で住み込み人の会を組織し、その会名を募集しました時、「まごころ会」とか「よふぼく会」とか、いろいろ出ましたが、私は右のようなわけで「よせなべ会」がよいと申しますと、一同もそれがよい、それがよいと賛成し、「よせなべ会」と名づけました。よせ鍋は、魚や玉子や野菜など、種々な物が一つ鍋に入り、各自各自の持ち味を出し、全体としておいしく食べられるようにするのです。

私はいつも、会う人会う人が皆お師匠様で、四方八方の人々のおかげで今日の成人をさせていただいたのだから、四方八方を拝んで通らにゃならんと申しておりますが、よしや、ほこりの多い人に出会っても、

「あのようなことは言ってはならない」

「あんな行動は注意せねばならぬ」

と、こちらの受け取り方一つで自分の心得となり、大きなお徳が頂けることとなるのです。すれば、ほこりの多い所ほど、自分の心をつくらせていただける勉強がさせていただけるのですから、どんな人にも不足をしたり、心を濁したりせず、何を見ても聞いても、あくまで自分自身の反省の糧《かて》とさせていただき、自己の向上につとめることが大切だと存じます。


第三の体験は、みち一条になってからよく、おていれを頂いたことであります。


元来私は蒲《ほ》柳《りゅう》の質《しつ》でありますが、学校や給仕時代も病気で休んだことは一日もありませんでした。それがみち一条に出させていただいてから、熱が出たり胃が痛んだり、ちょっとしたことで怪我《けが》をするなど、患うことが始終起こりました。

「こんなに熱心におみちを通っているのに、なんでやろうなあ」

と思いますが、そこに深い親神様の思召があるのであります。

身上の障りや事情のもつれのことを、おみちでは「おていれ」と申しますが、植木屋が庭木の手入れをするようなもので、手入れをするから枝振りもよくなり、価値も上がるのです。

にち〳〵によふほくにてわていりする
どこがあしきとさらにをもうな　三 131

とお聞かせくださいますように、将来社会の上にも、みちの上にも役に立つ立派なよふぼくに仕上げたい親神様の深い思召から、私たちの成人に応じておていれを下さるのであり、こちらが熱心に進ませていただくから、親神様も一層力を入れてお仕込みくださるのであります。

そこで大切なことは、おていれを頂いた時は、必ず身上・事情を通じてお知らせくださる親神様の思召を、会長様や先生方にお伺いすることであります。私はちょっとしたことでも、

「これはどういうお知らせですか」

「これはどう悟らせていただけばよろしいか」

と一々お尋ねし、聞かせていただきました通りつとめさせていただいてまいりましたので、そのふしより一段一段、新しい芽を出し、現在のお徳が頂けたのであります。

それを、結構なおていれを頂きながら、

「教会には内密にしておいてや」

などと申し、ただ身上さえよくなったらそれでよいと思い、せっかくの親神様がお引き立てくださる温かい親心を潰《つぶ》して通っておられる方も見受けますが、まことに注意すべきことだと存じます。

最後の体験は、直接の理の親の理が、いかに重いかということであります。七月に上級教会へ住み込んで三カ月目の九月中旬、私はまたまた熱が出てべったり寝込みました。教会の方々は親切にも、おさづけを取り次いだり、医師を呼んだりしてくださいましたが、どうしてもよくならず、日に日に衰弱が加わりましたので、我が家へ電話をかけますと、

「すぐ帰ってこい」

との父の言葉です。そこで暫《しばら》く養生に帰らせていただくこととなりましたが、一歩一歩胸が押しつまり、息もつまるような苦しさで、顔色も蒼白《そうはく》となり、息も絶え絶えに、倒れるようにして帰りました。

帰宅後、早速医師を迎えると、

「こりゃ大変や。ようこんな身体《からだ》で帰れたもんや。ひどい脚気《かっけ》で心臓もだいぶ弱っている」

とのことです。

毎日医師も見え、上級教会よりおたすけに運んでくださいましたが、容体はますます悪化し、三十九度ほどの熱が連日続き、心臓の動悸《どうき》も激しく、流動物さえ入りにくくなりました。

幾日か過ぎたある日、父が枕頭《ちんとう》に座って、

「こうして上級の先生が毎日おたすけに来てくださっていても、少しもご守護が見えない。今、わしの言うことが親神様の思召なら必ずご守護がある。おまえ、家へ帰って働く心を定めて、一ぺんお願いしてみたらどうや。わしは最初から人手が足らんから、この教会で手伝ってもらいたいと思っていたのや」

と申しました。

父は最初から我が家でと思っておりましたのを、私が上級教会で五、六年つとめ、履歴をつくってから帰りたいと、無理に希望して行ったのですから、わずか三カ月くらいで帰ることは、私にとってまことにつらいことでした。しかし身上の苦しさには代えられませんので、父の言葉に従い、心を定めておさづけをしていただきますと、その夜初めてぐっすり眠られ、翌朝、目を覚ましますと、一夜の間に熱が下がり、心臓の動悸もおさまり、脚気らしい症状もなくなっていました。まことにふしぎなご守護で、

「あると言えばある、ないと言えばない。願う心のまことから、見えるりやくが神の姿や」

と聞かせていただいておりますが、あまりにもあざやかなご守護に私自身も驚き、親神様の思召に沿うた心定めをすれば、必ずご守護が頂けるという確信を、はっきり握らせていただきました。

かくて思いもよらぬ身上のおていれから、私の意志を変えて、我が教会で

青年としてつとめることとなったのであります。

そこで悟らせていただきますことは、私にとって、父は肉親の親であるとともに、直接の理の親であります。上級の先生がいかほどおさづけを取り次いでくださいましても、少しもご守護が見えなかったのが、一度のおさづけで、一夜の間にこれほどあざやかなご守護を頂いた事実を見せていただきます時、直接の理の親の理が、いかに重いものであるかということであります。

みちの上に少し成人いたしますと、ややもすれば直接の理の親を頼りなく思ったり、言われることに不足したりなどして、直接の理の親を飛び越えて、上級教会や大教会へ親しくしておられる方も見受けられますが、直接の理の親のおてびきを頂き、丹精を頂いてこそ、おみちの結構さも分かり、別席や修養科、またはみちのよふぼくと成人させていただき、初めて上級教会や大教会も分かるようになったのです故、なんと言うても直接の理の親を中心として進ませていただくことが根本で、これを、

「順序一つが天の理」

とお教えくだされております。

私は、親教会へ尽くすことがおぢばへ尽くすことであり、親教会へつとめることがおぢばへつとめる理であると確信し、今日まで通らせていただきました。それで順調にご守護を頂いてまいりましたので、親教会に尽くす理、つとめる理が、おぢばや大教会、上級教会へ尽くす理、つとめる理に受け取っていただけることを申し上げる次第であります。

箱入り人形の夢

かくて身上をふしとして、我が教会へ帰り、青年づとめをすることとなりましたが、いよいよこれから悩み多き青春時代――求道過程に立った若きみちのよふぼくとしての精神的苦闘を幾多積み重ね、最後に肺浸潤《はいしんじゅん》（肺結核の初期）となって天理教校別科に入学し、本格的に神一条のみちへ突入した、生涯を通じて最も重要な基礎の時代に入ったのでした。

波濤《はとう》高き人生航路に喘《あえ》ぎ苦しむ人々の魂を救い、世界永遠の平和を築き上げる聖なる仕事に、純真一路の理想に燃えて、みちのよふぼくへと門出をさせていただきましたものの、現実の身は年齢わずか十七歳、あまりにも年が若すぎたことを、日がたつとともに痛感したのでした。当時の規程として、二十歳未満は天理教校別科へ入学することもできず、もちろんおさづけの理も戴《いただ》くことができませんでした。

こかん様が十七歳の御年、大坂の辻々に立って神名を流されたひながたをたどり、同じ十七歳の私も、街から街へ病人を尋ね、にをいがけに回りましたが、なにぶん少年上がりの若い者が言っているのですから、相手になってくださる人も少なく、時として聞いていただいても、おさづけがありません故、ただ柏手《かしわで》を打って親神様にお願いをかけ、後は父母に行ってもらう程度です。

時々、上級教会の月次祭にひのきしんに行ったり、信者の家の講社祭へ父に代わって行く場合もありますが、主なる仕事は掃除と事務と留守番でした。掃除や事務といっても、新設直後の小さい借家住まいの教会です故、すぐに済み、あとは机にもたれて本を読みながらただ一人、終日、教会の留守番をしているのが私の仕事でした。

お参りする人も少ない狭い教会の片隅で、机にもたれて終日留守番をしている平凡な生活――こうした日々が、一年、二年、三年四カ月続きました。それは私にとって、長い長い三年四カ月の年月でありました。

血の湧《わ》くような生活がしたい、胸の轟《とどろ》くような仕事がしたいと、働きたい意欲に燃えながら、働く分野もなく、する仕事もなく、ただ教会の留守番で明け暮れを繰り返している、籠《かご》の鳥にも等しい平凡な生活は、若き血潮の漲《みなぎ》る青年にとって耐えがたき苦痛でありました。

私が留守番することによって、父母が心置きなくおたすけに出られ、間接的には大いなる親神様の御用の役に立たせていただいているのだと、我《われ》と我が心に説き聞かし慰めつつも、心の底から込み上げてくる、自分一人が社会から取り残されたような、やるせない気持ちはどうすることもできませんでした。

二十歳となった友達のKは、ひとかどの新聞記者タイプで、すっきりした背広に写真機さえ提げて華々《はなばな》しい仕事を語っています。

Nはすでに大商店の番頭格となり、縞《しま》の着物に角帯、秩父《ちちぶ》の羽織を重ねて、スパスパ煙草《たばこ》を吸うています。

大工のTは月収六十円以上になったと、ポマードで光る髪をオールバックにし、喫茶店やカフェーの話などをしています。

皆、働く時には元気よく働き、休息の夜は華やかな歓楽の夢を追い、青春らしい生活を自由に潑剌《はつらつ》と送っているのです。

その中で教会生活をしている、同じく二十歳となった私一人は、くる日もくる日も何一つこれという働きもせず、技術も覚えず、もちろん一銭の儲《もう》けもせず、わずか月一円の小遣いを貰《もら》って、子供のままの丸刈りで、粗末な衣服で、酒も飲まず、煙草も吸わず、華やかな青春の夢も知らずに、生涯もう二度と取り返すことのできないこの人生の華である青年期を、無表情な箱入り人形のような生活でむざむざと徒《いたずら》に過ごしてしまうのかと思えば、人知れぬたまらない寂しさに襲われるのでした。

一方、父母は早朝より深更《しんこう》までおたすけに奔走《ほんそう》し、

「教祖のひながたや、教祖のひながたや」

と申し、一銭の無駄もなく最低生活にあまんじ、月々ご恩報じとして、私の洋服や靴でも買ってもらえるような金額を、親教会へ運ばせていただいておりました。

賃仕事の内職をして小学校へ通い、給仕生活をして会計をたすけ、今また二十歳になっても洋服も靴も買ってもらえず、ただ、おつくしおつくしと懸命につとめている第一線の教会の子より見ますと、同じくおみちでも大きな教会の子たちは、親の徳とは言いながら、坊ちゃん、嬢さんとたてまつられ、自由に上級学校へも進学し、何不自由なく華やかに過ごしておられます。

私の教会は、大教会より見れば、先の先の先の、五カ所も先の部内教会です故、ちょうど足軽同様で、私は足軽の子そのままのように思えました。足軽の子はいかに鍛錬して剣道の腕を磨いても、しょせん足軽の子は足軽で、うっかりご家老様のご子息より上達した噂《うわさ》が立ったら大変なことになります。

形は教会の青年として通っておりますが、心の底にこうした種々の迷いを

もち、こじくれた心が湧き、次第に明るい心が失われてまいりましたので、ついには二十歳の秋ごろ、フトひいた風邪がこじれて、とうとう肺浸潤となりました。

身体《からだ》は日に日に痩《や》せてきて、十貫（約三十八キロ）余りとなり、蒼白《あおじろ》い顔で、肋骨《ろっこつ》は数えられるように現れ、絶えず軽い咳《せき》が出て、今にも倒れるような姿となりましたが、二十一歳の二月、待望の天理教校別科に入学させていただくこととなり、尊いおぢばの理を頂いて、心身ともに一大転換をして新しい門出をさせていただくこととなったのであります。

今にして考えますと、青年時代の私の悩みは、あまりにも目前のことのみにとらわれた自己本位の見方から出発した煩悶《はんもん》で、

めへ〳〵にハがみしやんハいらんもの　　五 4
神がそれ〳〵みわけするぞや

とお諭しくださる温かい親神様の親心が分からず、一名一人限り、つとめた理、伏せ込んだ理通り成ってくる、理の世界であるということが分からぬ未

熟な信仰だったからであります。

　青春時代を華やかに過ごした友達らは、その後どうなっているか。

　あるいは出直したり、あるいは行き詰まったりして、二十歳のころ一番不自由と苦労の道を歩んでいた私が、現在は一番幸福に過ごさせていただいているのです。若い世代の楽しみは、消えてゆくうたかたのようなもので、五十、六十と高齢になるほど安心な生活ができ、子、孫、曾孫《ひまご》と末代続く陽気ぐらしのお徳の頂ける、大なる楽しみに生きさせていただくことが最も大切であります。

　また、足軽の子同様なる立場で育った末端教会の私が、現在、全教一万五千有余の教会長様方の中から、十五人の布教委員会委員のご任命を頂き、布教部長様のご諮問《しもん》に答えて、親神様のお望みくださる陽気ぐらしの世界達成のため、

「いかにすれば、全教のようぼくの方々が喜び勇んで、たすけ一条に決起していただけるか」

「いかにすれば、全教会が陽気ぐらしのひながたとなり、清新潑剌として発

展していただけるか」

など、届かぬ者ながら、みちを思う真実を、尊いおぢばで披瀝《ひれき》させていただける立場に置かせていただいた巡り合わせは、人知人力を超越した、深い親神様の思召とお引き立てがあればこそであります。その成ってくる理を見て思案させていただきます時、どんな末端の者でも真剣にたすけ一条を思う真実は、親神様は見抜き見通しでお受け取りくだされており、必ずその真心は通じさせていただけることを悟らせていただきました。親神様の親心ほど、ありがたいものはありません。

また、昨年の秋、名東《みょうどう》大教会へ講演に出させていただきました時、私は少しも知りませんでしたが、今より三十数年前、同大教会長様が京都教務支庁に止宿され京都大学に通学しておられしころ、その支庁の真向かいに私の方の親教会があり、当時十八歳の私がひのきしんさせていただいていた姿をよくご記憶くだされており、

「月次祭にも四、五人しか参拝者のない寂しい小さい教会で、朝夕黙々と、一人掃除をしておられた林さんの姿は、ちょうどお寺の小僧さんのような格

好だった」

とお話しくださいました。その微々たる教会の一青年だった私が今、こうしてご本部の布教部のご指名で、理のある大教会へ講師としてお伺いすることとなり、私の昔の姿を知っておられるだけに、

「つとめと努力ほど偉大なものはない」

とお喜びいただき、私自身も過ぎし青年時代を思い出し、ひとしお感慨無量でありました。

　青年づとめの三年六カ月間は、形の上では何一つこれということもせず、精神的苦闘を続けた時代でありますが、その期間を通りぬけたからこそ、二十一歳の七月、天理教校別科を卒業するや、直ちに単独布教に出させていただき、着々とたすけの精華を賜《たまわ》り、今日まで成人させていただけたのであります。

　このみちは、悩んで悩んで悩みぬいて、初めて心の底から神一条の悟りがひらかせていただけるのであって、精神的に苦労した者ほど、確固たる信念を摑《つか》ませていただけるのです。その悩みごとに、一歩一歩、親神様の思召に

近寄ることが肝要で、悪いんねんの方へ近づいてはだめであります。

仕事のない空虚な、教会の住み込み青年時代こそ、将来を築き上げる最も大切な時機であることを悟り、人にとらわれず、物にとらわれず、ただ一筋に、理をめどうに、つとめ一条の理を伏せ込ませていただかねばならぬと存じます。

第五章　単独布教の尊さ

おぢばの理にはぐくまれて

昭和二年二月、私が二十一歳の春、天理教校別科第三十八期に入学いたしましたが、その入学の体格検査で医師より、

「肺浸潤《はいしんじゅん》を患《わずろ》うているね。六カ月通学ができるか。気をつけないといけないよ」

と言われました。

「ハイ、大丈夫です」

と、入学したい一心で答えましたが、詰所へ帰ると発熱し、一週間ばかり、べったり寝込んでしまいました。おぢばへ到着してわずか二日間の、なれぬ

詰所生活がこたえたほどの弱い身体《からだ》でした。

その時、看護してくださった同期生のある教会の奥様が、

「林さん、喜びなさいよ」

と言われますので、

「どうしてですか」

と尋ねますと、

「親神様は、よふぼくにてはていれするとと仰せくださいます。庭木でも、見込みのあるものは手入れするでしょう。今、四千人の者が別科へ入学して、先生よりお仕込みを頂こうと思っているのに、あなたはまだ学校が始まらない先から、親神様自らお仕込みくださっている。よくよくの深い思召《おぼしめし》があるのですから喜ばねばなりません」

とお話しくださいました。

私はそれを聞き、なるほどと思うと同時に、親神様は私のような者をそこまでお引き立てくださされているのかと、感激の心が湧《わ》き上がりました。

どうせ私のようなほこりの多い、たすからん心遣いの者は、二十二、三歳

で、肺病で死んでしまうだろう。同じ死ぬのなら、今日限り個人の林は死んでしまって、みちのよふぼくの林と生まれかわらせていただこう。今後思うことは、

「親神様に喜んでいただくこと」

「人様にたすかっていただくこと」

「みちの栄えを私の楽しみとさせていただくこと」

とさせていただこう、と心定めをいたしますと、ふしぎにもその夜より熱が下がり、無事に六カ月間通学させていただくことができました。

このように、私たちみちのよふぼくは、自分がひとかど悟って、おみちの御用をつとめているように思っておりますが、決してそうではなく、

やまのなかへといりこんで
いしもたちきもみておいた　八下り目　8
このききらうかあのいしと
おもへどかみのむねしだい　同　9

と仰せくださいますように、親神様が私たちのいんねんを見定めて、身上・

事情を通じ、世界のふしんのよふぼくとしてお引き出しいただき、お連れ通りいただいている自分だという、みちのよふぼくとしてのいんねんを、まず自覚させていただくことが大切であります。

　別科在学中に、二カ月ほど左の手が痺《しび》れるような感覚が続いたことがありました。授業科目に「おたすけ練習」という時間があって、理のお諭しが頂けましたので、先生にお伺いいたしますと、

「あなたはどう悟っていますか」

と先生が尋ねられました。

「おぢばは鏡やしきで、前生のいんねんを映してくださる所だと聞いております。手が痺れるのは、前生の中風《ちゅうぶう》のいんねんを見せていただいているのだと思います」

と答えますと、

「前生の中風のいんねんがあると思えば、学校を出たら懸命に中風の人をおたすけさせていただくのや。その理で中風のいんねんを切らせていただける。しかし、今は中風やない。これは親神様のお知らせというもんや。痺れるの

は、十のものなら八つ通じて二つ通じてないようなものや。世の中には丸い心の人もあれば、四角い心の人もある。このみちは八方の人に合わせて通るみちや。それはどうすればできるか。水の心になることや。水は方円《ほうえん》の器に合わしていく。低い、優しい、素直な水の心なら、八方の人に合わして通れるやろう」

とお諭しくださいました。

私は少年時代より、真面目《まじめ》で几帳面《きちょうめん》で、たとえていえば、机の引き出しでも何と何が入っているか暗がりでも分かる。衣類も自分できちんとたたむ。部屋も隅から隅まで一つの埃《ほこり》もためないように掃除をする。人が粗雑にしておくと、やり直さねば気がすまないというたちで、真面目な四角い人には話が合うが、ずぼらな三角や菱形《ひしがた》の人には話が合わない。すべての人に円滑に打ちとけていけない偏狭な性格であることを、自分自身、自覚しておりましたので、今、先生のお言葉を承《うけたまわ》り、骨身に染みわたり、なるほどと感じ、これからどんな人にでも合わして通らせていただきますと、お詫《わ》びをいたしましたら、その日から痺れがとれ、学友も驚くほどのあざやかなご守護を頂きました。

偏屈で理屈屋で人と息が合わないから、心通りの理で、肺浸潤でコンコンと咳《せき》をしていたのでした。

また、入学前より角膜炎を患い、目にやにがたまり、すっきりしませんでしたが、

「形を見るのやない。理を見て通れ」

と聞かせていただき、形は成ってくる天の与えとして親神様の思召におまかせし、私自身はその成ってくるような理づくりをさせていただくことをめどうにつとめさせていただきますと、心定めをいたしましたら、これまた一夜の間にすっきりご守護を頂きました。

このように、おぢばでの六カ月の間に、度々おていれを頂き、その都度、先生方よりお仕込みを賜《たまわ》り、青年時代に胸にたまっていたほこりを一つ一つ掃除でき、あざやかなご守護を頂いて、親神様のお姿をだんだん明確に掴《つか》ませていただいたのであります。

おぢばは、月日親神様が世界人類を宿し込まれた元のやしきで、その証拠

としてかんろだいが据えられ、私たちの真実のをやである親神様がお鎮まりくださる、よろづたすけのつとめ場所であります。

かんろだいを中心として行われるおつとめを、かぐらづとめとも、よふきづとめとも、たすけづとめとも申します。親神様が紋型ないところから人間世界を創《はじ》められた元初《もとはじ》まりの珍しい働きを、このたびはたすけ一条の上に現そうとてお教えいただいたおつとめで、身上・事情をはじめ、いかなる願いもかなえられ、親神様の思召そのままの陽気ぐらしの世界に立て替わってくる、まことに尊い、ありがたいおつとめであります。

　　この月日もとなるぢばや元なるの
　　いんねんあるでちうよぢさいを　　八 47

とお示しくださいますように、おぢばは世界の竜頭《りゅうず》で、おぢばという理を通じて私たちは、親神様の自由《じゅうよう》自在《じざい》のご守護が頂けるのであります。

このおみちの信仰で最も大切なことは、やしきのいんねん、教祖魂のいんねん、旬刻限の理を、しっかり心におさめさせていただき、まずおやさとへかえり、おぢばの理を頂くことであります。そこに、ふしぎふしぎの結構なおたすけが頂けるのであります。

次に、おぢばへかえらせていただけば、別席を運び、おさづけの理を戴《いただ》くことであります。別席は、特別に設けられた静かな席で、ご本部の先生より、おみちの根本の理を九回にわたり懇々とお取り次ぎいただき、いよいよ満席となりますと、たすけ一条のこうのうの理として、おさづけの理が戴けます。おさづけの理は、願う心の誠真実により、親神様より自由自在のご守護が頂ける、生涯末代の宝であります。

月日にハせかいぢう丶ハみなわが子
たすけたいとの心ばかりで　八　4

このはなしなんでこのよにくどいなら
たすけ一ぢようけやうのもと　八　48

と仰せくださいますが、私自身、天理教校別科へ入学し、別席を運び、ただただ私たちの陽気ぐらしを急《せ》き込んで、いかなるたすけも請け合うとまで仰せくださり、ご苦心くださる温かい親心と、ご守護の理を聞かせていただき、尊いおさづけの理を戴きまして、なんでも先輩の先生方の足跡を踏み、一人でもたすかっていただきたい、親神様にご安心していただきたい、そのためには我が身はどうなっても結構という、たすけ一条に対する意欲がひしひしと盛り上がってきたのでした。

危機一髪のご守護

かくて、おぢばの理にはぐくまれ、みちのよふぼくとして一歩一歩成人させていただいた、教校別科卒業直前の六月末に突然、私の上に思いもよらぬ一転機が訪れたのでした。

父の教会の部内として、木下市太郎《きのしたいちたろう》、ゆきという老夫婦が集談所を設立し、細々と布教をなしおりましたが、実子がないので他系統より養子を迎えました直後、教会でなければ人を寄せることができない法規が発表され、警察の干渉厳しく、教会設置か集談所解散かの分かれ道となりました。あたかも、教祖四十年祭のお供えとして倍加運動のお打ち出しがありましたので、教会設置と定め、父が援助して家を借り受け、若い人に精励してもらう意味で、養子を担任として、大正十四年十二月、錦京《きんきょう》宣教所（現・初弘徳分教会）設置のお許しを頂きました。

ところが日を経るに従い、老夫婦と養子が意見が合わず、それを見て、わずかしかなかった信者も皆いずんでしまい、上納金はもとより、四十円の家賃も九カ月滞り、家主より家屋明け渡しの請求を受けるまでになりました。設置費・米代・薪炭《しんたん》代など借金が約二千円と重なり、とうとう親子が大衝突し、養子は担任を辞任して故郷へ帰ってしまい、老夫婦は心配のあまり寝込み、まだお目標《めどう》様も戴《たい》せず、教会設立奉告祭もせぬうちに、借金だけ残して潰《つぶ》れてしまいました。

しかし、ご本部より一旦お許しいただいた名称の理を取り消すことはできないので、その後始末に親教会の会長たる父は種々心配し、上級教会長様にお伺いしますと、

「信者は一人もなく、家は立ち退《の》きを言われ、借金があり、その上病人の老夫婦まで見なければならぬ、そんな後へ行く人はない。弘徳より出た枝だか

ら、お宅のご子息に行ってもらうより仕方がない」

とのお言葉でした。父母は、まだ二十一歳の若者が果たしてこの重責を担《にの》うていけるかと心配し、おぢばへ相談に来たのが、私の教校別科卒業直前の六月末日でした。

　私は、

「上級会長様の仰せを親神様のお言葉と悟り、引き受けさせていただきます」

と答え、七月十四日に教校別科を卒業するや、直ちに十六日より、米一斗《と》を元手に頂き錦京宣教所へおもむきました。

　誰一人寄りつく人もない薄暗い部屋に、老夫婦がべったり枕を並べて床に臥《ふ》していました。家主よりは八月三十一日を期限として、差し押さえ、ならびに家屋明け渡しの内容証明が来ており、借金取りが入れ代わり立ち代わり催促にまいります。

　私は早朝よりただ一人掃除をし、おつとめをなし、炊事をして老夫婦の枕元へ食事を並べてから、にをいがけに出させていただくのですが、まず第一にしなければならぬのは、立ち退き問題と借金の整理であります。

　整理費概算二千円は当時の金額としてなかなかの大金で、しかも立ち退き期日は刻々と迫ってくるのに、金もなければ移転先もなく、父の心配もひとしおでした。その難関に立つや、私自身も種々心を練り、

「とても人知人力で解決はできない。解決は親神様におまかせし、ただ一筋に捨て身でにをいがけに気張るより仕方がない」

と、あるいは水行し、あるいは絶食して、必死に親神様にお願い申し上げ、無我夢中で日夜おたすけに邁進《まいしん》いたしました。精魂込めて真剣につとめ切り、いよいよ最後の五分間となった時、予想もせぬ一大奇跡が出現いたしました。

　最初家を借りる時、保証人となった信者もその後いずんでしまい、家主が行こうが私が行こうが、

「教会のことは知らん」

と、てんで寄せつけなかったのが、いよいよ立ち退きの期日である八月三十一日の前日に猛烈な腹痛が起こり、医師の手当てでどうしても治らず、仕方なくおたすけを頼みに見えました。滞納家賃を引き受ける心定めをされると、

あざやかなご守護を頂かれ、早速家主に連絡しましたが、明日をひかえた今日だから現金を揃《そろ》えてもらわなくては承知できないとの返事でした。そして同夜、金をととのえて支払いを完了し、移転地が決定するまで明け渡しを待つとの承諾を得たのです。まことに危機一髪のご守護でした。

ちょうどその時、父の教会の役員の、隣家の方が貸家を新築しておられ、「今なれば建築中です故、神床・祭壇・白壁などご希望通りします。敷金もいりません」

と、月三十三円の家賃前納だけで承諾してくださいました。

所は現在の伏見《ふしみ》区深草《ふかくさ》キトロ町（昭和六年まで紀伊《きい》郡深草町）で、旧市内より約二里ほど離れた未知の土地ですが、どうせ一から単独布教を始めるのだからどこでも結構、とにかく落ちつく家さえできたらと、最も重要な問題である家屋が一銭も出さずに突然解決しました。

そこへ父の教会の信者の方々が、布教門出のお祝いにと「私はお社《やしろ》」「私はお御簾《みす》」「私はお三方《さんぽう》」というふうに、神具や備品も速やかに揃い、ご本部への担任変更ならびに移転出願費や借金は、これまた、ふしぎなおたすけの心定めやお礼ででき、七月十六日に錦京へ出させていただいてより一カ月半の短期間に、さしもの難関も突破され、九月一日、ご本部へ出願にかえらせていただきました。

ご本部へ出願しますと、教校別科卒業後まだ一カ月半ですから教師になっておらず、私だけ特別に九月三日教師拝命、同八日錦京宣教所長任命、同十日教会移転のお許しを頂きましたが、その時ご本部の先生より、

「こんなことは今までになく、しかも全国の教会長中の最年少者で、よほどの親神様の思召《おぼしめし》故、勇んで励ましていただくように」

と懇切なお言葉を賜《たまわ》りました。

　このせかいなにかよろづを一れつに
月日しはいをするとをもゑよ　　七 11

とお教えくだされていますように、人知人力で不可能と思っております難関でも、この世の万《よろず》一切をご支配くださいます親神様がお働きくださいましたら、かくのごとき、ふしぎなご守護が頂けるのであります。

かくて十月中旬に無事移転完了、十二月六日に担任変更ならびに移転奉告

祭を執行しましたが、当日は父の教会の信者の方々がほとんどで、私の関係はわずか三人だけでした。次の十五日の月次祭には一人の参拝者もなく、いよいよ誰一人知己《ちき》もない見知らぬ土地で、名称の看板だけを掲げた単独布教を、本格的に開始させていただいたのであります。

一日生涯の真剣勝負

「天然自然、成ってくるのが天の理」

と聞かせていただいておりますが、奇《く》しき親神様の思召により、弱冠二十一歳で思いもよらぬ教会の責任を持ち、京都市内より約二里ばかり離れた未知の土地へ、名称の看板だけを掲げた単独布教に出させていただくことになりました。奉告祭を済ませた翌七日の朝、親神様の御前にひれ伏して、

「今日は初めてまいりました土地での、布教開始第一日目であります。おさづけの取り次ぎをさせていただくまで帰りません。何とぞ、お取り次ぎさせ

ていただく方をお与えくださいませ」

と懸命にお願い申し上げ、張り切った気持ちで病人を探して歩きましたが、なにぶん、年の若い者が言っているのですから相手になってくださる方もなく、とうとう夕方となってしまいました。

すでに日も傾き薄暗くなったころ、路地の奥で三年間、喘息《ぜんそく》で患《わずろ》うている七十三歳の老婆があると聞きました。その家へ入るなり縁に両手をつき、

「お婆さん、お願いです。お願いです」

と申しますと、老婆は驚いて寝床から顔を上げ、

「なんや」

「私は今日初めてこの土地へ布教に来ました天理教の者です。一人でもおたすけせねば家へ帰れません。私をたすけると思って拝ませていただけませんか」

「おたすけせんと帰ったら、誰か叱《しか》る人があるのか」

「いいえ、私一人で叱る人はありませんが、私が朝、神様にお誓いして出ましたので」

「もう日も暮れかかっている。年も若いのにかわいそうに。私でよかったら早《はよ》う拝んでお帰り、お帰り」

私は天にも昇る嬉《うれ》しさで、その老婆におさづけの理を取り次がせていただきました。これが私の未知の土地での布教第一歩でした。

私は、

「にをいは掛かるものだ」

というのが持論であります。なぜならば、親神様自ら、

「あしきをはらうてたすけせきこむ」

と、たすけ一条を急き込んでくだされているのだから、にをいは掛かるのが当たり前。それなのになぜ、にをいが掛からぬのか。親神様は、

「神が働けば一夜の間にもみちつける」

と仰せくださいますように、にをいは掛けてやりたいが、それ以上にお望みくださるのは、

「取り次ぎの人しかとたのむで」

とのお言葉のごとく、親神様の思召を取り次ぎ、世界一れつ陽気ぐらしをめ

どうにたすけ一条につとめる、私たちみちのよふぼくの心の成人、理の成人であります。

私自身にしましても、朝出てすぐににをいが掛かりましたら、私の我《が》や高慢がとれません。十時になっても掛からん、一時になっても掛からん、三時になっても掛からんとなった時、初めて、このみちは知恵や学問で行くみちではない、まして人間思案や我高慢で成り立つみちではないと、自分自身の胸の掃除ができて、教祖のお供をさせていただいてつとめるみちだと、低い心になる時、親神様は「待ってました」とばかりに、にをいを掛けさせてくださるのです。

にをいがけは、一切自分が空になる心と、なんでもどうでもという真実が大切であると悟らせていただきます。

さて、にをいが掛かりますと、自分がたすけるのではなく、親神様のご守護でたすけさせていただくので、私たちよふぼくは、あくまで取り次ぎ人であります。

「いかほどたすける心あっても、たすける理なくてはたすけられん」

とお教えいただいておりますが、そのたすける理は、取り次ぎ人の陰の伏せ込み、陰の理づくりであります。

私は一人おたすけするごとに、必ず親教会へ日参と理立てをさせていただきました。

往復四里の道を、途中、病人を尋ねながら親教会へ運ばせていただき、最初は自分の持っていた小遣い、次に本、次に時計というように、一つ一つ手放してお供えとなし、病人のお願いづとめをさせていただきました。

月三十三円の家賃は、単独布教の最初としては無理ですので、一年間だけ父の教会より出していただきましたが、なにぶん信者はなくとも教会並みのつとめをせねばなりませんので、収入のうち、五十銭銀貨以上はくだかず全部親教会へお供えし、白銅貨（十銭、五銭）と銅貨（一銭）だけで生活を立てていく心定めをしておりました。米三合、醤油《しょうゆ》一合、炭五銭というような、本当の最低生活で、唐辛子と味噌《みそ》のねったのを副食物として一夏を過ごし、風呂も三回より入らず、あとは水を浴びて通らせていただきました。

時には食べる物もなく、水や白湯《さゆ》を飲んで過ごした日もありましたが、どうせ肺病で死んでしまう身体《からだ》だ。今日一日を生涯として、たすけ一条に捧《ささ》げ切り、たとえこの身は路傍で飢え死のうとも、光栄ある教祖の弟子として、御《み》教えのために殉死させていただけば結構だ。どうせ死ぬのだ、どうせ死ぬのだと、命を賭《と》して突き進ませていただきました。

朝から何も食べず、真夏の炎天下をフラフラになって二、三里歩き、おたすけ先の病人の前に座りますと、空腹と疲労で思わず知らず、ご教理を取り次ぎながら自分がうつらうつらと居眠ってしまったこともありましたが、それでも、ふしぎなおたすけが続々とあがりました。

我が身どうなっても結構という、捨て身の真実を親神様がいじらしいと思《おぼし》召《め》され、先に立ってお働きくだされているのであります。

当時、父の教会は米も叺《かます》で購入し、醤油も四斗樽《しとだる》が据えてありましたが、母は、

「今、人情に流れては、将来の理が欠ける」

と、陰で涙をのんでも、一合の米も一滴の醤油も下さったことなく、婦人会の役員たちも私の苦労している姿を見かねて、

「なんぼおみちやいうても、一人息子さんが、なんであんなに苦労されねばならぬのか」

と泣いてくださったほどでした。

　父の私に対する仕込みはとても厳しく、親教会の御用の場合は、遠慮なくご飯も食べたらよいが、自分の便宜《べんぎ》で食事をする場合は、それだけのお金かお米を届けておかねば理が立たない、と常々聞かされていました。しかし、持っていくお金もお米もない時があります。当時、父の教会の月次祭は夜でしたので、朝からおたすけに三、四里歩き、昼も夜も食べず、夕方、父の教会へまいりましても、もう夕食は済ませてきましたと申し、そのままおつとめをつとめて、夜十一時ごろからまた二里の道を歩いて帰るのでした。

　十二月十一日の月次祭に、その日も昼も晩も食べず、三里余の道を歩いてヘトヘトになって父の教会へかえり、月次祭はつとめましたが、連日の睡眠不足や過労で疲れ切り、立ち上がる元気もないので、単独布教に出て初めて、今夜はここで泊まらせていただこうと、二階へ布団を敷き、倒れるように横になりました。

暫《しばら》くすると、下から父の声が聞えます。

「壽太郎はどうした。いつ帰ったのか」

傍らより取りなすような母の声。

「今夜はこちらで泊まると言って、二階で寝ています」

「寝てる？　そんな心でどうする」

「今までどんなに遅うなっても、布教に出てからまだ一度も泊まったことはない。よくよくのことや。年の若いのに、あんなに苦労しているのですし、今夜一晩ぐらい」

「それがいかんのや。早《はよ》う起こして帰らし」

やがてトントンと階段を上がってくる母の足音がします。

「すみません。僕、帰ります」

漸《よう》や く温《ぬく》もった布団から抜け出し、着物をつけると、母は門口にまで送りに出て、

「親神様の御用や。気をつけて帰りや」

と、暗い夜道をトボトボと歩いて行く私の後ろ姿の見えなくなるまで、じい

っと見送っておりました。

真夜中近い師走の街は冷え切って、肌刺す寒風に粉雪さえ交じって顔に当たります。深草の教会まで約二里、京阪電車の終発はまだあるだろうが、七銭の電車賃さえない懐《ふところ》です。文字通りただ一人、暗がりの道を行く私の頬《ほお》へ、思わず涙がホロリと伝わりました。

単独布教に出て六カ月目、命を賭《か》けてたすけ一条に挺身《ていしん》し、心身ともに疲れ果てた一人息子が、親の家に一夜の休息を求めても泊めてもらえず、今、こうして真夜中の道をただ一人、トボトボと歩いている。この私の姿を知っている人はなけれど、見抜き見通しの教祖ばかりは見てくだされている。今こそ教祖に一番近いみちを歩ませていただいているのだと、ひるむ心に鞭《むち》打ちつつ、みかぐらうたを唱えながら帰らせていただきました。

私が三十四歳の時、ご指名を頂き、初めてご本部の教館で「本教青年運動について」と題し、講演に出させていただきました。

その時、父母は何千という多くの聴衆の中に交じり、肩を並べ涙を浮かべて聞いておりましたが、その昔、線香の賃仕事をして教会会計をたすけた少年時代、雪の夜に一夜も泊めず追い返した単独布教の青年時代、雨に耐え、嵐に耐えて伸長し、今日尊いおぢばの晴れの舞台で、幾千の人々を前にして語る息子の姿を見て、子供の成人待ちかねる親心として感慨無量の涙だったと思わせていただきます。

今日の私がいささかでも成人させていただけましたのも、父母が理一条に基づき厳しく仕込んでくださったおかげです。

親より厳しく仕込んでいただくことが、親の理を頂くこととなるのであります。会長様が優しくしてくださるのは、むずかる赤子をなだめすかして成育につとめる親と同じく、会長様自身は親としての理を積んでおられるのですが、親からご機嫌をとってもらい、頭を撫《な》でられて喜んでいる子供は、成人が遅れるだけで、たすかりません。理の親より遠慮なくお仕込みをしていただけるのが楽しみという信念になってこそ、真にたすかるお徳も頂けるのであります。

また、物のありがたさ、人の大切さ、時間の尊さも、単独布教をして初めて心の底から分からせていただけます。

七銭の電車賃がなくて真夜中に二里の道を歩いた時を思いますと、現在、十三円の市電券を何げなく渡せるありがたさを感じ、車掌に渡すごとに心でお礼を申しております。一夏中、風呂は三回より入らず、水を浴びて過ごした日を思います時、現在、思いのままに入れる風呂の中で感謝の手を合わさずにはおれません。まして、一円のお供えをしていただくまでに、どれだけ苦心しておたすけに通うたかと思いますと、信者が納めてくださる百円、千円のお金も、ただただもったいなく、頭を下げずにはおれません。

物のありがたさが分かり、物を大切にする心になるところに、物が授かってくるのであります。

精魂込めておたすけに運ばせていただいても、教会へかえってくださるようになるまでは、なかなかです。まして、おつとめに出たり、ひのきしんの一つもしてくださるまでになっていただくのは、容易なことではありません。誰一人信者のない単独布教より育った者は、一人の別席者がかえってこられても、一人のひのきしんの方が見えても感謝し、満足を与えさせていただかずにはおれません。人のありがたさが分かり、人を大切にする心になるところに、人が授かってくるのであります。

月日の理が時間となるのですから、時間の空費は月日親神様を粗末にしている理になると悟らせていただいております。単独布教でおたすけに専念しておりますと、心一つでわずかの時間に、どれだけ多くの人々にたすかっていただけるかが分かり、親神様に仕える者の時間の尊さをしみじみ思わせていただきます。

月次祭が午後一時開始予定なれば、予定通りに始めるのが月日の理を立てることで、あの人が見えぬから、この人がどうだからと時間を遅らすのは、人の理を立てて月日の理を潰《つぶ》すこととなります故、ご守護が頂けません。

単独布教当初の月次祭には、誰一人かえってくださらなかった日も度々ありました。その時ほど、なおさら私一人だけでも勇んでつとめさせていただこうと、陽気におつとめをし、そのあとで、

「今日はお話のお稽古《けいこ》をせよとの親神様の思召だ」

と、ただ一人机を出し、大きな声を張り上げて教話の練習をしておりました。

こうしたことは誰一人知らず、実行した本人の私自身すら忘れてしまって

おりましたのに、親神様は見抜き見通しで、落ちなく天の帳面にお付けおきくださり、十年、二十年、三十年と年限たつに従い、伏せ込んだ真実の種を芽生えさせてくださるのです。

　私のような末端教会の者が、布教部の講師を拝命し、尊いおぢばの教館や全国各地の理のあるお教会方へ講演に出させていただくようになるとは夢にも思わぬことで、あまりにもありがたい親神様のお引き立ての元がどこにあるか、私自身も分かりませんでしたが、よくよく思案させていただきます時、その種は単独布教時代、誰もお参りがないのに、私一人が教話の練習をさせていただいていた真剣な布教意欲を、親神様がお受け取りくだされていたのだと悟らせていただきます。ただ一人歩む単独布教こそ、時間を無駄にせず、神一条の信念強く、黙々とつとめさせていただくことが肝要だと存じます。

　私がにをいがけに歩き、

「この辺りに病人様ありませんか」

と尋ねますと、教えてくださるのは大概中風《ちゅうぶう》で、中風の方なれば必ずにをいが掛かります。多い時には一カ月に十五、六人もおたすけし、中風専門と称され、ついには、その中風の人たちが台となってお目標様《めどう》をお鎮めし、教会設立奉告祭ができたのです。私はにをいがけで中風を選《よ》って探しているのではないのに、かく中風の人ばかりへおたすけに行くようになるのは、すでに私が教校別科在学中に手の痺《しび》れた時、ご本部の先生より、

「前生の中風のいんねんがあると思えば、学校を出たら一生懸命に中風の人のおたすけをさせていただくのや。その理で中風のいんねんが切らせていただけるのや」

とお諭しいただいていた通りの実現で、

「見るもいんねん、聞くもいんねん」

とお教えくださいますように、どんなところへにをいが掛かり、おたすけにやらせていただくのも、みな自分のいんねんを見せてくだされているのでありまして、

「この人をおたすけすることによって、おまえがたすかりなさいや」

と、親神様がおてびきくだされているのであります。

理屈屋の私は、雑誌なれば『中央公論』などを好み、堂々論陣を張っていくという式でしたが、脳溢血《のういっけつ》で頭をやられ、半身不随で三年も五年も寝たままで、涎《よだれ》をたらしたり泣いたりしているお爺さんやお婆さんに、そんな難しい理論は通じません。やむなく私自身がくだけて、京都弁で優しくやわらかく、その人たちに解け込んでお話をさせていただきました。

また、長年寝たきりです故、部屋の掃除はできず埃《ほこり》だらけで、枕辺《まくらべ》に食器や紙くず入れ、すそには便器が置いてあります。清潔好きの私ですが、こんな汚い所、臭い所と言っておればおたすけに行けません。

こうして中風の方のおたすけに運ばせていただいているうちに、いつしか私の理屈張った心の角も取れ、汚くても結構、臭くても結構、なんでも結構という、物事にとらわれない、大らかな心に変わらせていただき、同時に私の肺浸潤《はいしんじゅん》の身上もすっきりご守護を頂いたのであります。

私自身、二十二、三歳で肺病で出直すものと覚悟をしていた身が、医師からも奇跡的に空洞が密着して治っていると言われ、手相見《てそうみ》からも死線を越えていると言われて、五十三歳の今日まで健康で過ごさせていただき得ましたのは、中風の方のおたすけで幾らかにても自分の性格を変えさせていただき、たすけ一条に伏せ込みをさせていただいた理であります。

おたすけの第一線に立ち、医者の手あまりの病人を引き受けて、日夜、親神様と真剣勝負をするような立場に直面しておりますと、私が青年時代に悩んでいたことなども眼中になくなり、自然に解消され、思うことは、ただただ自分のさんげと、心の立て替えと、理づくりだけで、そこに教祖のひながたをたどる喜びに満ちた、真の陽気ぐらしが生まれてくるのであります。

おたすけとは、かくのごとく、自分自身をたすけていただく大きなお徳を頂くことだと悟り、自ら進んで、にをいがけやおたすけに丹精させていただくことが肝要だと悟らせていただきます。

体当たりで教会設立奉告祭

未知の土地へ布教に出させていただいて約一年、昭和三年秋、昭和御大典の記念に、どうでもお目標様《めどう》を戴《たい》し、教会設立奉告祭を執行して、正式に名称の理の構えをさせていただきたいと心定めをしました。

心定めはしましたものの、先立つ物はお金で、当時の予算として八百円はどうしても入用です。私が上級教会の役員先生に、教会設立の心定めを申し上げますと、

「林さん、お目標様はただ貰《もら》えるのと違いますよ」

と言われたほど、飲まず食わずの苦労の最中です故、その八百円はなかなかの大金です。誰かが土台となって、まとまった篤志《とくし》をしてくださらねば、とてもとてもできることではありません。そこで当時の信者中で、まずここと思えるのは、借家持ちの中風のお爺さんと、質屋のお爺さん、および下駄《げた》問屋の主人の三人でありますので、この三人が二百円ずつ出してくださり、六百円できたら、あとの二百円は残りの人々でどうにかできると計画をたてました。

そこでその三軒を訪問し、人は一代、理は末代、永遠に残るお徳を積んでいただきたいと、懇々と説明し、必死に頼み込みましたら、いずれも思案し

ておくとの返事です。

この三軒さえ承知してくだされればできたも同様、何とぞ親神様、ご守護くださいますようにと、それこそ毎日懸命に祈願いたし、一週間ほどして返事を聞きに回りますと、三軒が三軒とも全部断られました。

頼りにしていた三軒から断りを言われますと、あとはその日暮らしの人ばかりで二十円のお金もできそうになく、いかに考えても八百円の大金は無理なことです。

さあ、どうするか。

頼みの綱を切られた私は、真剣に心を練らしていただきましたが、その時悟らせていただきました。

私の願い通り、三軒が出してくだされればご守護があったと喜び、断りを言われたらご守護がなかったと思うのが間違いで、三軒とも揃《そろ》って断りを言われたのがご守護だ。三軒が快く出してくだされば、お金で迎えたお目標様である。親神様はお金を望んでおられるのではない。

「しんがめどう」

とお聞かせいただくように、芯である教会長たる私の、なんでもどうでもという真実を求めておられるのである。私自身の心の奥底に、信者が金を出してくれればできるし、出してくれねばできぬと、人に頼り物に頼って算盤《そろばん》をはじく思いのあるのを、すっきり掃除して、真実の心定めとつとめによって、かしもの・かりものの自由《じゅうよう》の理を見せてやりたいとの親心から、かく仕向けられているのだ。

信者やない、私がお目標様をお迎えするのだ。私自身が真剣な心と理をつくらせていただけば、必ず親神様が働いてくださるに違いないと、人一条・物一条にとらわれていた信仰から、神一条・理一条、すなわち無から有を生み出す、裸一貫、体当たりの信仰へと進ませていただいたのでした。

そこでまず、私自身が理づくりをさせていただこうと、残っていた衣類を売ると五十円になりましたので、それを親教会へ理立てとしてお供えし、十一月十日、御大典挙行の日に、無事完遂《かんすい》のお願いづとめをさせていただきました。

次は高小時代の親友に、私の一生一度の頼みだと、五十円はお祝いに、百円は月賦《げっぷ》返済で借り入れ、上級教会の順序運びの神饌《しんせん》料となし、願書を提出して背水の陣を敷きました。

十五日に上級教会長様がご視察にお入り込みくださいましたが、教会へ寄ってきてくれた信者は、寡婦のお婆さん二人だけでした。上級会長様が、お目標様お迎えの理と心構えをお仕込みくだされ、予算の話をして、

「あんた方、真心込めてくださいますか」

と尋ねられても、二人ともただ、うつむいたままです。はたで私は、何か返事をしてくれたらよいのにと、ハラハラしていますが、ウンともスンとも言いませんので、しびれを切らした上級会長様が、

「五徳《ごとく》と同じく三人あれば立つ。その一人は、ここの会長がいる。あんた方二人がなんでもという心で踏ん張ってくだされればできてくるのだから」

と、二人を慰めてくださって視察が終わりました。

上級会長様が帰られた後、私が二人に、

「会長様が尋ねられた時、せめて口だけでも気張りますと言ってくださったらよいのに」

と申しますと、

「お金がないもん、そんなこと言えますかいな」

というようなありさまでした。

それでも漸《ようや》く二十一日に、上級教会の順序回りは済ませましたが、翌日おぢばへかえる旅費もありません。先の寡婦のお婆さんの所へ相談に行きますと、自分の衣類を質屋へ運び、二十円拵《こしら》えてきてくれましたので、天にも昇る嬉《うれ》しさでおぢばへかえり、願書を提出いたしました。二十九日に無事お目標様を戴し、帰京しましたが、今度は上級教会へお礼回りをするお金がありません。帰京するやいなや、早速もう一人の寡婦のお婆さんの所へ行き、だんだんと頼み込みますと、近所で二百円借りてきてくれましたので、それで漸くお礼回りを済ませました。

いよいよ鎮座祭ならびに奉告祭ですが、神饌物、上級会長様方の接待、信者の直会《なおらい》など、これまたお金がありません。東奔西走《とうほんせいそう》、漸く準備がととのうて、十二月五日鎮座祭、六日教会設立奉告祭を無事執行し、最後に計算をしますと、予算通り支出が八百円あり、忘れもしません、九十九銭、残りました。

「いるだけは与えるで」

とのお言葉通り、十一月十日に完遂祈願をした時には一銭もなかったものが、一カ月の間に、かくの通り滞りなく完遂させていただけましたのも、全くふしぎな親神様のご守護で、このみちは心一つで、親神様のお働きを引き出させていただくみちであります。かくて錦京宣教所（現・初弘徳分教会）末代の基礎が出来上がったのでした。

　このみちは理が働くみちで、私が衣類を売ってでも理立てした種が、質に置いてでも尽くしてくださる理となり、私が借りて伏せ込んだ理が、これまた借りてでも尽くしてくださる理となって現れてきたのであります。自分が伏せ込んだ理だけ成ってくる、このみちは証拠信心であります。

　その翌年六月、私の二十三歳の時、初めて五十八名の人を案内して、おぢば団体参拝を挙行させていただきました。

　当時、男の信者でおつとめに出たり、おぢばを知っている人はただの一人しかなく、万事頼りにしておりましたので、三月にその方の家を訪れ、団参

計画を話して、

「世話係を頼みます」

と申しますと、

「私は行きません」

との返事です。

「行きませんて、あなた一人を頼りにしているのですから」

と、繰り返し繰り返し申しましても、

「いや、私はやめです」

と、にべもなく断りを言われました。

　片腕のように頼りにしていた、たった一人の人からすげなく断りを言われた私は、泣くにも泣けない寂しさに包まれつつ、道を歩きながらさんげをさせていただきました。

　その男の方もふしぎなおたすけを頂き、入信されたのですが、まだ布教のかかりで、男子でおつとめに出たり、ひのきしんを頼んだりできるのはその人だけでしたので、つい何かと頼りにしていました。なので、知らず知らずの間に我《が》が出て、ちょっとしたことでもほこりに見たり、理屈張ったりされるのです。みちの者として一番の苦心は、成人していない信者の顔色を見、ご機嫌を取りつつ、理の仕込みを図っていくことで、その心の苦労、苦心は第一線の布教をした者しか分かりません。

あの人が悪いのではない。すべて私が悪かったのだ。ほかに人がいないから、ついあの人を頼る。私の頼る心が、あの人に我を出させることとなったのだ。私の頼る心がいけなかったのだ。こうしたことが起こってこそ、

ひとのこゝろといふものハ
ちよとにわからんものなるぞ　　十下り目　1

とのお言葉も実証されるのだ。このみちは、どこまで行っても、教祖と二人連れである。伏せ込んだ理だけが頼りである。教祖、教祖、教祖。よしや世話係はなくとも、私一人だけでもおぢば団参を決行させていただきます。何とぞお連れ通りくださいませと、道を歩きつつ教祖をお呼びし、かたい決意を定めました。

ぢばへぢばへと運ぶ心が親神様の自由を引き出す理となるのです。三、四、

五月の三カ月間にバタバタとにをいが掛かり、その間に四、五人の男の方を授かりました。

いよいよ六月九日、団参挙行の日、その男の方々に、

「あなた方、世話係を頼みます」

と、係の記章を渡しますと、

「おぢばって、どちら向いているやら分かりませんが」

とのことです。

「分かってても分からなくてもよろしい。私の言う通りにしていただけばよいのですから」

と、一度もおぢばがえりをしたこともない人々を世話係として、無事五十八名でかえらせていただいたのであります。このおぢば団参をふしとして、後日、役員に成人された男の人を次々と授けていただき、一大伸展をさせていただいたのでした。

このように、お目標様お迎えの例にしましても、おぢば団参の例にしましても、私自身の心が人や物にとらわれず、神一条の信念に立ち切った時、ふ

しぎふしぎのあざやかなご守護が頂けたのであります。みちのよふぼくは、あくまでも人間思案を捨て、どこまでも教祖と二人連れで、山坂や茨畔《いばらぐろ》も崖《がけ》道《みち》も、いかなる困難なみちも乗り切ってゆく、力強い神一条の信念を貫徹させていただくことが大切だと存じます。

第六章　世界たすけのみち

値上げしていく心定め

昭和五年十月、私の二十四歳の時、おぢばへ全教会長を招集して講習会が開催され、教祖五十年祭・立教百年祭の発表、ならびにおやしきの拡張、神殿および教祖殿の建築、日本人更生などのお打ち出しがあり、全教一斉に、年祭を目標に布教躍進をさせていただくこととなりました。

「迎える理に神が入り込む」

と聞かせていただいておりますので、その講習会へのおぢばがえりをする前に、

「この旬にしっかりご恩返しをさせていただかねばならぬ。おぢばならびに

上級教会の御用を総合し、思い切って千円の上納をめどうに進ませていただこう」

と心定めをしました。

教会設立奉告祭は済まさせていただきましたものの、まだ三度の食事もろくろく頂かず、木綿の袴《はかま》にちびた下駄《げた》を履いて、おたすけに回っているどん底の教会で、受講のための旅費や詰所の費用を準備するだけでも必死に苦労したほどですので、私にとって当時千円はなかなかの大金で、莫大《ばくだい》な心定めでした。

さて、講習会一日目の午前、ご本部の先生より諄々《じゅんじゅん》と教祖のご恩を承《うけたまわ》り、心の中で、

「大恩ある教祖のご年祭に、千円ばかりのご恩返しでは申し訳ない。二千円にさせていただこう」

と思いました。午後の時間に、

「ふしから芽が出る年祭の理、年祭こそは子供の成人にをやが働いてくださるありがたい旬である」

と聞かせていただき、また心の中で、

「こりゃ、二千円の心定めでは少ない。三千円にしよう」

と値上げをいたしました。二日目、引き続きお仕込みを頂き、

「すべてはかりもの、親神様は受ける心に乗って働いてくださる」

と聞かせていただき、

「まだ三千円では少ない。五千円させていただこう」

と、またぞろ心の中で値上げをしました。

　最後に、

「心定めが第一や。心定めは大きく持て。小さいものは丸ごとできても小さい。大きなものは半分できても大きい」

と聞かせていただき、ほんとうにそうだと、いよいよ終講の辞を承る時に、一万円めどうと心定めをさせていただきました。

　京都を出る時は千円だったのが、先生方のお仕込みを頂いている間に、我《われ》と我が心の中で、二千円、三千円、五千円と値上げして、最後に一万円となったので、当時の私にとっては夢のような心定めであります。

その一万円は決してお金ではありません。今日を布教の再出発日として、たすけ一条につとめ切り、身上・事情に悩む人々を救い上げ、そのたすかった方々の感謝感激、報恩の喜びが、天然自然に盛り上がって、一万円に到達するほどのおたすけをさせていただくのです。そのため、私自身の心を砕き身を削る、真剣な苦労の理をご恩返しとして、ご年祭にお供えさせていただくのであります。今後五カ年間に、何とぞ無事完遂《かんすい》させていただけますようにと、親神様、教祖の御前にひれ伏して、懸命にお願いをして京都へ帰りました。

その時、松村本部員先生より、

「たすけ一条につとめるみちのよふぼくは、おさづけを取り次がぬ日は親神様の御用をしない日だ。その日はご飯を頂くな」

と聞かせていただき、

「ほんとうにその通りだ。その決意でつとめさせていただこう」

と堅く決心をしたのでした。

講習会より帰りました私は、おぢばで定めた一万円のおたすけをめどうに、おさづけを取り次がぬ日は食事は頂かぬと、張り切って布教に出させていただきましたが、早速その日ににをいが掛かり、一日としておさづけを使わぬ日はなく、従って一日も食事を頂けぬ日はなかったのです。

おぢばから打ち出される声を親神様のお言葉と悟り、お仕込みいただいた通り、素直にうぶな心で、うまずたゆまずつとめさせていただきますところに、親神様が、放っておけん、捨てておけんとお働きくださるのです。

親神様は、私たちのをやを思う真実と、真剣なつとめの理だけをお受け取りくださり、子供が苦労させていただこうとすればするほど、かえって抱きかかえ、お引き上げくださるのです。言わん言えんの理とお聞かせくださる、その温かい親神様の親心を悟らせていただくことが肝要であります。

かくて、ご年祭お打ち出しを一転機として、ふしぎふしぎのご守護が現れ、みちを通るよふぼくも次第に授かり、教会は順調に伸展させていただきました。

教祖五十年祭が執行された昭和十一年になって振り返りますと、ご年祭の御用をはじめ、大教会の教祖殿、上級教会や親教会の建築などと、心定めの一万円以上のご恩返しをさせていただき、その伏せ込ませていただいた理が昭和十二年、立教百年祭の年に、弘徳分教会の建築となって芽生えさせていただいたのであります。

「つくし・はこびがたすけの台」

とお教えいただいておりますが、親神様、教祖、親教会のご恩が分かっただけが、つくし・はこびという姿となって現れるので、ご恩の分からぬ方はつくし・はこびが不足となるのです。形のつくし・はこびは親神様のお与えで、私たちの受け取っていただく理は、そのご恩を思う心だけです。つくした理、はこんだ理は一粒万倍としてお返しくだされるのです。

私は月々親教会へはこばせていただく時、嬉《うれ》し涙を浮かべてご神前にお礼申し上げてまいりましたが、金や物でなく、つくし・はこびを楽しむ、ご恩を思うお礼の心が、おたすけを頂く土台であると悟らせていただきます。

上海布教と王氏のおたすけ

かくて年祭御用も順調に発足させていただきましたが、翌昭和六年、私の二十五歳の時、

「将来は海外だ。独身の間に海外布教の体験をさせていただきたい」

と、上海《シャンハイ》に布教に出ることを父や上級教会へ願いました。すると、

「あなたは一人息子で、しかも錦京宣教所という一城を預かっている責任ある教会長だ。自分が行かなくとも、行く人をつくったらよい」

とのことでしたが、私は、

「行く人をつくっても、自分が海外布教の体験をしておかねば、内地と海外と事情が違いますと言われたら仕込むこともできません。どうせ語学ができず、日本人相手です故、一人みちを通る方を授けていただけばよいのですから、一年間だけ暇を下さい」

と、たってお願いし、当時教会に五、六人のよふぼくも授かり、教勢も順調

で、一年分の上納金も上海布教費も拵《こしら》えましたので、父母も上級教会長様方も止めるに止められなくなりました。

そこでまず、日常会話程度の中国語を習いたいと思いました。当時まだ京都に中国語を教える正式の学校がなく、漸《ようや》く探し当てて訪問しますと、応接に出られた教師の王謙《ワンチェン》氏は二十八歳で、すっきりした中国人でしたが、ここは居留民の子供の学校故、教えることはできないと言われました。

やむなく中国語の本を買ってきましたが、読むだけでは分かりませんので、せめて発音の基礎だけでも教えていただきたいと、再び王謙氏を訪ねますと、

「わたし、神経衰弱。日本、養生来ました。頼まれてここの先生していますが、頭、フラフラ。おきのどく、教えることできません」

と、おぼつかない日本語で言われます。そこで私は本を読むように、

「わたし、天理教の教師あります。わたし上海行きたい。中国の病気の人たすけたい。わたし、おがむ。あなた、病気、治ります」

と話をし、王謙氏も素直に聞かれ、おさづけの理を取り次ぎました。

「頭、一番大切なところ。あなた、親とこころ、仲よく合いますか」

と申しますと、王氏は手を振って、

「こころ、合わない、わたしの親、雲南《うんなん》の地主。兄軍人、わたし師範学校卒業、学校の先生。親、封建的、頑固。若い者、自由求める。こころ合わない。わたし、おもしろくない。日本、来た」

と言われます。

「こころ合わなくとも、親、子供かわいい。あなたのこと、心配している。親、安心するよう、手紙出しなさい」

と申しますと、早速王氏は雲南の親へ手紙を出され、私が毎日おたすけに運んでいるうちに、数年来の患いであった神経衰弱の頭痛が、わずか二十日間ほどですっきり治りました。王氏は大変喜ばれ、教会へも参拝に来られるようになり、それを契機に、中国語の日常会話を教えていただきました。

一方、おぢばで開催された海外布教講演会でお話をされた、天理外国語学校出身の今村《いまむら》氏に面会し、同氏が上海で布教しておられることが分かり、とりあえず今村氏の部屋を落ち着き場所と定めました。

かくて、いよいよ上海布教出発となった時、今までつくし一方で裸同様でありましたのが、「この服を」「この時計を」と、各方面の信者方から頂き、一銭も出さずに身の回り品もととのい、九月十五日、父母に見送られて神戸港を出航いたしました。

海外布教の雄志に燃えた私は、瀬戸内海を航行中の汽船の甲板から、遠くおぢばの空を遥拝《ようはい》し、赤い夕日の光を浴びながら、高らかにみかぐらうたを奏上しました。

十七日上海着。北四川路《ほくしせんろ》の今村氏方へ落ち着き、共同炊事をして布教することとしましたが、その翌日、荷物を取りに行く途中で、瘭疽《ひょうそ》を患っている日本人に会いました。にをいがけをし、中国語で言われる住所が聞きとれず紙に書いてもらって、後刻、地図を頼りに尋ねていき、早速おさづけを取り次がせていただきました。

所は上海ですが、日本人の家を見つけると病人を尋ね、にをいがけをし、追い追い懇意な方もでき、内地の単独布教と少しも変わらん気分でした。

しかし、惜しくも私が上海へ到着した翌九月十八日に満州事変が勃発《ぼっぱつ》し、排日運動で通行も危険となり、婦女子の内地引き揚げ、動乱対策など戦々恐々たる状態になりました。その時、京都より時局柄引き揚げよとの電報がまいりました。私もこれ以上滞在していても布教も不可能であり、自分は教会長の責任ある立場だから寸暇《すんか》も無駄にしてはならないと思い、予定を変更して十月に帰京いたしました。

その直後、上海事変が起こり、私が居住していた北四川路は戦乱の巷《ちまた》と化しました。いま暫《しばら》く滞在しておれば大変だったところを、上級からの電報を素直に聞かせていただいたからこそたすけていただけたと、喜ばせていただきました。海外布教の体験は、思わぬ事変のため短時日で終わりましたが、後日に備えて知識を獲得させていただいたことは多大でありました。

帰京後も、中国語を教えていただいた王謙氏とは親密に交際し、王氏が旅行された時は必ず土産《みやげ》物を届けてくださったり、また友達を誘って教会へ来られ、おみちのお話を聞かれたり、当方も食事を出したりなどして、数年間打ちとけて過ごしてきましたが、昭和十二年、日中戦争が起こるに及び、王氏もいよいよ雲南へ帰国されることとなりました。その時、王氏は私の手を握って、

「先生と私のような仲なれば、戦争も起こらないのに、まことに残念です」と涙を流して別れを惜しみ、出発されました。

中国人の王氏が、親神様の思召《おぼしめし》を素直に悟られ、今まで親と意見が合わなかった親不孝の心遣いをさんげし、親の心に通じる手紙を出されますと、数年間悩んでおられた神経衰弱があざやかなご守護を頂かれた事実を見る時、私は、このおみちのご教理は、いかなる民族の方にも通じ、親神様のご守護は月日の光と同じく、これまた全人類のうえに平等にお働きくだされていることを確信したのであります。

それから、王氏が帰国の際に私の手を握って、
「先生と私のような仲なれば、戦争も起こらないのに、まことに残念です」と、涙を流して言われた言葉であります。

真の世界平和は全人類の渇望するところでありますが、いまだその実現の域に到達しておりません。いかにすれば相克を繰り返しているこの世界を、平和の光あふれる、楽しみづくめの陽気ぐらしの世界に立て替えることができるか。王氏が言われたように、私と王氏のような親密な仲を拡大すればよ

いのであります。それは、親神様のご守護に守られ、親神様の思召に沿うた、おみちのつながりが土台であるからであります。親神様は、

このよふを初た神の事ならば
せかい一れつみなわがこなり　四　62

せかいぢういちれつわみなきよたいや
たにんとゆうわさらにないぞや　十三　43

とお教えくださり、『天理教教典』にも、

人々は、この親心にもたれつつ、世界中皆一れつは隔てない親神の子、兄弟姉妹《きょうだい》という理を心に治めて、高きものも低きものも、遠きものも近きものも、相互《あいたがい》に扶《たす》け合い、常にたゆまず、ひながたの道をたどり、陽気に勇んで、心のきりなしぶしんにいそしむならば、やがては、全人類の心も入れ替《かわ》り、世は自《おのず》と立て替つてくる。

かくて、世界一れつの心が澄みきる時、たすけ一条の思召が成就して、親神の守護は余りなく垂れ、ここに、人の世は、未《いま》だかつてない至福を受ける。これぞ、楽しみづくめの世界、神人和楽の陽気づくめの世界で

あり、真正《まこと》の平和世界である。

と示されております。また、

このみちハどふゆう事にをもうかな
このよをさめるしんぢつのみち　　六　4

と仰せくださいますが、この世をお創《はじ》めくだされた親神様が、旬刻限の到来により表へ現れ、直々お教えいただいた、だめの教えであるこのおみちによってこそ、真に世界人類の平和と幸福が実現されることを、確信させていただくことが最も大切であります。

私たちみちの者は、この世界たすけのふしんのよふぼくとして、万人の中から、まず親神様にお引き出しいただいた光栄に歓喜し、親神様のお望みくださる陽気ぐらしの世界の建設を目標に、大いなる理想をたてて、たすけ一条に堂々と勇躍邁進《まいしん》させていただく力強い信念を堅持することが肝要なことと存じます。

第七章　ない袖が振れるみち

人の支えか、神の支えか

昭和七年三月四日、西陣分教会（昭和十五年に大教会に昇格）で部内教会長の集会が開催されました。

それは、同分教会は大正十四年に新築移転をされましたが、その建築最中に関東大震災が起こり、東京方面の部内教会の篤志《とくし》が一頓挫《とんざ》し、借金が残りましたので、その整理のため、すでに篤志を完納した教会へもう一度割り当てをし、三カ年の間に分納してもらいたいとの会長様のお話でありました。

私の方は早くに完納させていただいておりましたが、会長様のお言葉を承《うけたまわ》り、喜んで二重のご奉公をさせていただく心定めをさせていただきました。そして、教祖五十年祭活動の最中でしたので、私の方は三カ年の御用を一気呵成《かせい》に三カ月で完納し、あくまでもおぢばのご年祭めどう一本で進ませていただこうと、その旨を申し出ました。

三カ年分を三カ月で完遂《かんすい》しようとするのですから大変なことで、家族一同一大決心をいたしました。

それが三月四日で、翌々日の六日に突然、河原町大教会の先生が見え、当時二十六歳だった私に縁談の話を持ってこられました。続いて翌七日、近所の教会長様がまた縁談の話をしに来られ、その翌日、上級教会長様が母を呼んで話されたのが、これまた縁談の話です。三日間にわたり毎日三方面から、しかも各自知らずに言われたのが同一人の、河原町大教会直属本街《ほんがい》分教会の娘、佐栄子《さえこ》であります。

三方面から同時に同一人の話を持ってこられるとは、まことにふしぎなことで、よくよく深き親神様の思召《おぼしめし》と悟り、急速に話がまとまって五月五日、結婚式と決定いたしました。

結婚式となりますと、なんといっても一世一代の盛儀であり、若干費用もいることとなりますが、最初の縁談話の出る二日前に、西陣分教会の建築借金の割り当てを三カ月で完納する心定めをしました直後ですので、さあどうしようか、ということになりました。

元来、三カ年分納を当方より進んで三カ月と申し出たのですし、突然起こったほかならぬ結婚問題のことです故、五月以後に上納させていただくよう申しましてもご了承はしていただけますが、ここが大切なところであります。

親神様がお受け取りくださるのはお金ではなく、私たちが親を思う真実であります。あの時はあのように心定めをしましたが、時代がどうで、臨時にこうでと、周囲にとらわれて心定めをくずすのは、まだまだ真実心がうすいからで、真のまことは一つのふしが起こってきてこそ現れるのです。ふしを乗り切る真実こそ、一粒万倍にお受け取りいただける種《たね》となるのであります。

こうした上から、二カ月後に迫った結婚費用は親神様におまかせし、心定め通り三カ月完納を目標に、父母も私も捨て身で働き、少し入ると上級へはこび、少し入ると上級へはこび、教会は絶えず「空」でつくし切りました。

教会のおつくしは井戸水のようなもので、たまったらはこぼうではだめです。今あるだけはこぶ。何もなくなったと思うと自然に湧《わ》いてきます。それをまた、さらえてはこぶ。また湧いてくる。これがきりなしふしんで、そこにきりなしの天の与えが頂けるのです。たまったらと思っていますと、一定分量以上は増えないのであります。

　かくて五月一日、心定め通り上級御用は完納させていただきましたが、いよいよ四日後に迫る結婚式には、お祝い金も全部運んでしまい、少しの準備金もありません。

　式服はおつとめ衣《ぎ》でよろしいが、当時教会は借家で狭く、親族の披露はどうしても料理屋へ出なければならず、まあ、月末までにはなんとかなるだろうと思い依頼しておきましたが、その料理屋へ行く五十銭の自動車賃すら心配したほどでした。

　私は自分のことはすべて親神様の思召におまかせし、結婚前日の四日までおたすけに回らせていただいておりました。

　その五月二日、路地の奥の二階を借りて、九歳の男の子を連れて布教をしている婦人布教師の岩井《いわい》ゆり姉《し》を訪ねました。岩井姉が、

「なかなかにをいも掛からず、ついてきてくださる方もなく、何のお役にも立たず申し訳ありません」

と、しみじみ言われましたので、私は、

「いいえ、あなたが悪いのではなく、私が悪かったのです。私こそ、お詫《わ》びをせねばなりません」

と申しました。

それは私自身、飲まず食わずの単独布教のみちを通ってきましただけに、岩井姉が子供を連れての布教です故、いかに親神様にもたれているとはいえ、容易ならぬ苦労だと察し、留守中、時々そーっとお金を包んでお供えにしておいたのでした。どうぞ心倒さず通り切ってくれるようにと、理の子を思う理の親の真心の上からでした。

その時、私が、

「人情に流れては、たすかるものでもたすからんと聞かせていただいていますが、人間の私が支えているから、親神様のお支えがないのです。今後は、もう一切かまいません。苦労している子に、かまわんと言う親の心ほどつらいものはありません。このつらい私の心をよく悟っていただき、どんな中も教祖のひながたを偲《しの》んで、みち一条を立て貫いてください」

と申しますと、岩井姉は涙を浮かべて、

「会長様の真心はよく分かっています。今日食べる物がないという時、外から帰ってきますと、お供えが上がっています。自分の信者にこんなことをしてくださる方はない。きっと会長様に違いない。会長様は一言も仰せられないが、いたらぬ私のことをここまで思ってくださっているのかと、陰ながら拝ませていただいております。どうぞご安心ください。どんなことがあっても、親神様にもたれ、通り切らせていただきますから」

と言われました。

その夜、太郎という九つの子に、

「今日、会長様から結構なお話を聞かせていただいた。お母さんもいよいよ決心して、これからほんとうのおみちを通らせていただくのや。今日このご飯を頂いたら、お米もお金もあらへん。親神様から授かるまで、いつまで食べずに通らんならんか分からん。これが最後や。あんた、おあがり」

と言われますと、その子は、

「僕はよいから、お母さんおあがり」

と言います。

「いいえ、あんたおあがり」

「いや、お母さん」

「それじゃ二人で仲よう分けて食べよう」

と、残り少ないご飯を母子が食べました。

その時、その子が、

「お母さん、こんな時こそ、教祖みたいに水とおこうこで通ったらよいのやなあ」

と、愛くるしい顔を上げて言ったそうです。

「そうや、そうや。教祖のひながたを踏ませていただけばよいのや」

と申しましたが、子供心にも常々、教会で教祖のご苦労を聞かせていただいているのが分かっているのかと、嬉《うれ》し涙が出ましたと、後日、岩井姉が私に話されました。

さて、その翌日、岩井姉が外へ出られますと、道でクサのできた子を背負うた婦人に会い、すぐににをいが掛かっておたすけをされると、お礼に米一升を差し出されました。

岩井姉は驚いて、水と漬物で通らせていただこうと決心して半日もたたぬのに、一升のお与えがあり、あまりの親神様のご慈悲に感激し、これに手をつけては申し訳ないと、早速その一升を教会へはこばれました。

その翌日に再び私が岩井姉を訪ねますと、昨日ににをいの掛かった、クサのできた子の母親が見えておりました。種々お話を取り次がせていただきますと、喜んで帰られました。

いよいよ五日、私の結婚式の当日となりました。午後二時挙式の予定で、おつとめ衣を着けている二時十分前ごろ、岩井姉があわてふためき教会へ駆けつけてきて、ぜひ私に会いたいとのことです。

「もう十分もしたら結婚式挙げんならん。ほかの時と違う。あとのことにしてもらえんか」

と断っても、ぜひちょっとでも、とのことですので面会しますと、岩井姉が、

「それが会長様、昨日、会長様がお話ししてくださった、クサのできた子の母親が先ほど見え、『昨日は会長様に結構なお話を聞かせていただいてありがとうございました。これは何かの足しにでも』と、ちり紙に包んだのを置いて帰られました。一、二円かと思うてあけてみますと、これこの通り、二十円札が五枚入っています。会長様の今日のお役に立たせていただいたらと思って走ってきたのです」

と、その百円を出されました。二十数年前の百円ですから莫大《ばくだい》な金額です。

わずか三日前、親神様にお詫びをして、人間の支えはやめ、親神様に支えていただく心定めをし、水と漬物とで教祖のひながたを通る決意をしたところですのに、かくもあざやかな理の働きをお見せくだされたのであります。

同時に私自身、自分の一世一代の結婚準備のことも忘れて、上級教会の御用のためにつくし切らせていただいたのでありますが、いよいよ挙式十分前という時に、こうしたふしぎなご守護を見せていただき、

「尽くした理はどこへも行かない。いるだけは与える。決して難儀苦労はさぬ」

と、常日ごろ聞かせていただいているお言葉を一層痛切に感じ、厚くお礼申し上げたのであります。

私は一人息子ですので、嫁は最初より親のもとへ貰いたいと父母が希望しておりました故、結婚をふしとして、錦京宣教所長の名義はそのまま、実務は妹とくが担当し、私たち夫婦は父の教会の弘徳宣教所へつとめることとなりました。

水も通らぬ借金

同年七月、親教会の神徳宣教所長様が突然出直され、奥様が二代会長に就任されましたが、二、三カ月すると妊娠中と判明しました。夫に別れ、教会の責任を持ち、そこへ思いもよらぬ妊娠にて、今後どうなることかと心配されましたが、私の父母は新会長様を励まし、生涯安心して過ごしていただきたいと、前述のように、私の長女・弘子の身上から建築の心定めをしたのでした。昭和十一年の教祖五十年祭執行後、父は、自分の一世一代のふしんであると言って、取りかからせていただきました。

私たち一同の精魂を込めて、漸《ようや》く親教会の棟が上がった時、突然思いもよらず、私の方の教会の移転建築問題が起こりました。

親教会のもう一つ上級の眞榮分教会も、八百余坪の地へ移転せられ、新神殿建築の企画をされましたが、設計の都合で五十余坪の旧神殿を取り除《の》けねばならず、直属の部内教会へ譲り渡しのお話をされました。しかし、移転費だけでも当時として三千円かかり、その上、移転敷地を拵《こしら》えねばならぬので、どこもお受けするところがなく、外部へ売却しようとしますと、村の集会所程度ですので評価二百五十円とのことだそうです。そこで最後に、私の方は孫の教会に当たりますが、父と私を呼ばれ、会長様より、あなたのところで受けていただけば、嫁入り娘と同じく貰《もら》っていただいて喜ぶからと、お言葉を賜《たまわ》りました。

私の方としては現在、親教会のごふしん最中でお金もなく、なかなか容易ならぬことですが、上級の会長様のお言葉を親神様の声と悟り、会長様がお喜びくださることならと、素直にお受けすることとしました。五月十一日、弘徳で教祖五十年祭執行後、役員に発表し協議をしようと思っていましたその日に、家主が見え、今まで当方が借りていた土地建物を売却したので、突然ながら立ち退《の》いてもらいたいと言われました。まことにふしぎな合図立て合いで、上からも下からも言われて、どうでもこうでも移転建築をせねばならぬ羽目に立ち至ったのであります。

そのため、親教会のごふしんは完成させなければならず、その上の上級教会のごふしんにもおつくしさせていただかねばならず、当方の移転地も拵え、上級の旧神殿を移させていただかねばならず、三カ所の建築が一時になり、それこそ無我夢中で必死の働きを続け、めでたく三カ所とも竣工《しゅんこう》いたしました。私の方も北区小山西大野町五〇番地に百三十八坪余の敷地を購入、建坪九十五坪の神殿および附属建物を完成し、昭和十二年十月、私が三十一歳の時、新築移転奉告祭を執行させていただきました。

かくて、上級教会、親教会、当所と三カ所の建築は揃《そろ》って完成いたしましたが、そのため、当時の金で一万三千余円の負債ができました。教会の土地建物全部を抵当にして、銀行より借りられるだけ借りて足らず、あちこちより信用貸しで借金をいたしました。

新築移転奉告祭も済み、教会の建物は広くなりましたが、毎月毎月、こちらの元金、あちらの利払いと、お金に追いまくられ、そうなると信者は逃げ腰となり、私たち家族の衣類や諸道具を売ってやり繰りしましたが日向《ひなた》に氷で、とてもとても及びもつきません。

私自身「借金」「借金」と、借金のことが寝ても覚めても心の底にこびりつき、おつとめをしていても、道を歩いていても、おたすけをしていても、お金のことが離れず、こんなこと思うてはならない、なんぼ思うても何にもならないのだからと、いかほど打ち払おうとしましても、どうしても頭より離れません。

借金がどれほどつらいものであるかということは、そのつらさをしんから味わった者でなければ分かりません。

十一月七日夜、あまり肩が凝るので揉《も》んでもらいますと、急に発熱し床に臥《ふ》すこととなり、連日三十九度ないし四十度の高熱が続き、十一日になって扁桃腺炎《へんとうせんえん》と判明しました。食道が腫《は》れふさがり、食事はもちろん、牛乳も果汁もお水も入らず、無理に飲もうとしてもむせかえり、鼻より突きかえして、言葉通り「水も通らぬ」重体に陥りました。

十三日になって、いよいよ化膿《かのう》してきましたので、

「切開すれば熱も下がり、腫れも引き、食事も通ります」

との医師の言葉で手術をしました。すると、どっと多量の血膿《ちうみ》が出ましたが、熱が下がり腫れが引くどころか、ますます熱は上がり、腫れは食道だけでなく呼吸の方まで押し詰めてきて、十五日には高熱と衰弱で夢うつつのようになりました。

医師もあわてて、

「このままで息が詰まっては大変だ。といって、いま一度手術もできない。少し腫れの引くまで外から喉《のど》に穴をあけ、管を突っ込み、そこから息を通わしておかねばならぬ」

と言われます。喉に穴をあけるというのは大変なことです故、一日だけ待ってほしいと申しますと、

「そんな悠長なことはしておれん。息が詰まれば、しまいだ。一刻を争う。待っていられない」

と言われるのを、無理やりに一日だけ延期してもらいました。

今までも親神様にお願いもし、種々さんげもさせていただいておりますが、いよいよ喉に穴をあけねばならぬとなって、初めて本真剣が出るのでありますす。真剣、真剣とよく申しますが、ほんとうの真剣は、そうたやすく出るものではありません。私自身にしましても、いよいよ喉に穴をあけねばならぬ、命懸けの土壇場《どたんば》になって、初めて本真剣の真実まことが出たのであります。

高熱と衰弱で、夢うつつの中で悟らせていただきました。

今、私は水も通らない状態だ。食べ物がないのではない。枕元に牛乳もあれば果物もある。食べ物はあるのに私自身の喉が入らないように止めているのだ。私は現在、お金お金と金のことばかり、寝ても覚めても思い詰めているが、金がないのではない。金は世界にたくさんあるが、私のところへ入ってこないだけだ。

なぜ入ってこないか。喉の腫れが食べ物の入るのを止めているように、私自身の心遣いが止めているのだ。それは、あまりにも金にとらわれているからだ。建築した建物が抵当流れにならぬようにと、形や体裁《ていさい》にとらわれているからだ。

教会の建築は建物を建てるのが目的ではなく、たすけ一条の拡大が目的である。かく無事竣工させていただいた理を喜び、お礼申し上げ、万一最悪の場合、抵当流れとなれば、また元の路地から布教を開始すればよいのだ。あまりにも金や形にとらわれた心をさんげし、すべては親神様の思召におまかせして、私自身は一切を投げ出し、裸の心でただ一筋に、たすけ一条に生き抜く心定めをさせていただきました。

ふしぎにも、その夜はぐっすり寝られ、明くれば一夜の内に高熱が下がり、喉の腫れも散り、心配して早朝に来てくださった医師まで、奇跡、奇跡と驚嘆されるほど容体が好転し、手術もせずに流動物も入るようになりました。急速に回復して、二十三日にはおぢばへお礼参りをしたほどの、あざやかなご守護を頂きました。

このおていいれより心機一転、すべてを投げ出す心の決まった私は、金にとらわれる心もすっきり拭《ぬぐ》われ、生まれかわった明るい気持ちで、一ににをいがけ、二ににをいがけと、ただただにをいがけに突き進ませていただきました。ふしぎににをいが掛かり、ふしぎにおたすけが上がり、ふしぎ、ふしぎに借金も順調に返済していきました。最後に、ふしぎなご守護を頂かれた某氏が、土地建物が抵当に入っていることを聞かれ、そのくらいなら喜んでさせていただきますと、銀行の小切手をサラサラと書いてくださり、あれほど心配した借金がまたたく間に、夢のごとく完済させていただけたのであります。

信心のみちすがらや布教の道中には、かくのごとくお金で苦労する日も幾多ありますが、これ皆、私たちの心の成人を望まれる親神様の深い思召で、このおみちではそのために潰《つぶ》れてしまうということは決してありませんから、そんな時ほどなおさら、お金にとらわれる心を捨て、理一条に立ち切らせていただくことが大切であります。そこに必ず親神様がお働きくださり、無事に通り切らせていただけることを、私の結婚や教会建築の体験を通じて申し上げるのであります。

また、理の子である信者の立場としては、教会に金づまりや事情が現れた時は、

「正味とかすとを選《よ》り分ける」

と聞かせていただいておりますように、心の底のまことを親神様が見定められるふしであります。

親神様、教祖、理の親のご恩を真底から思っている人は、教会に困難な事情が起これば、なお一層理の親である会長様と一つ心、一つの理となって思案し、我がことと思い尽力をされます。教会のふしから、いずんだり、逃げ出したりされるのは、我が身たすかりたいばかりの欲の信心で、恩知らずの人々であります。

「我がことと思えば我がこととなる。人ごとと思えば人ごとになる」

と聞かせていただいておりますが、教会のことを我がことと思うか、人ごとと思うかの心一つの理が、年限がたつとともに私たちの運命に大なるひらきとなって現れてくるのでありますが故、いかな日も、ご恩返しのまことと真実の理でつとめさせていただくことが大切だと存じます。

第八章　心の成人、理の成人

教祖に手を引かれて

「こりゃ大変や。肺炎がこじくれて肋膜炎《ろくまくえん》となり、水がたまっている。六カ月間は絶対安静にしなくてはならない」

診察を終えた医師は早速、湿布の用意を命じ、このように宣告しました。昭和十五年五月上旬、私の三十四歳の時で、風邪気味のところを押し切っていましたのが、とうとう倒れ込み、連日三十九度余の高熱が続き、呼吸困難とさえなったのでした。

その時、悟らせていただきました。

これは我が身思案と欲である。私自身、肺浸潤《はいしんじゅん》を患い、二十一歳で別科に入学した時、今日限り個人の林は出直し、みちのよふぼくの林と生まれかわる心定めをなし、個人的な欲望はありませんが、たすけ一条に丹精し、教会の理を戴《いただ》きますと、会長という立場から、

「早くおつとめに出る人を揃《そろ》えなくてはならん」

「早く別席者をつくらにゃならん」

「早くよふぼくを拵《こしら》えねばならん」

と、親神様の御用、みちの上のこととは言いながら、知らず知らずのうちに、我が教会の確立、我が教会の発展というような、我が教会にとらわれる我が身思案や欲の心が、心の底にこびりついていたのでした。


個人の林から教会の林へ、形のかまどがえし（家財道具など、生活のよりどころとなるものを手放すこと）はできておりましたが、肝心要《かなめ》の心のかまどがえしができておらなかったのです。よくを忘れてひのきしんと、我が教会のことは親神様のお与えにおまかせし、一切空の心で、ただただ承《うけたまわ》る御用を喜んでつとめさせていただこうと心定めをいたしますと、三日三夜のお願いで、肋膜にたまっていた水がすっきり散ってしまいました。

しかし微熱はとれず、衰弱激しく、湿布と安静を続けていましたが、十一日に、今日は月次祭だからせめて親神様にご挨拶《あいさつ》だけでも申し上げようと、初めて床より起き出てヒョロヒョロで教堂へ出ました時、ちょうど西陣大教会より先生が来られ、バッタリ顔を合わせました。私は常日ごろより痩《や》せていますので、先生はそんな大病で今起きてきたばかりだとはご存じなく、「林さん、ちょうど在宅で結構でした。実は来《きた》る十七日の大教会昇格奉告祭に、大教会長様より、あなたに雅楽の笙《しょう》に出ていただきたいとのことでお伺いしました。よろしく頼みます」

と言われました。

雅楽は呼吸を使い、健康な時でも相当苦労ですのに、今、その呼吸に関連のある肋膜炎を患い、微熱と衰弱で安静中の身体《からだ》です故、無理をすればこたえて病状が悪化するのは必至です。

その時、私は思わせていただきました。

安静にしていても悪くなる時は悪くなる、出直す時は出直すのだ。人として一番大切なことは、恩を知り、恩に報い、恩に死すということだ。千載一遇ともいうべきめでたい大教会昇格奉告祭に雅楽をつとめ、それが身体にこたえて、よしや出直すことがあろうとも、今日までお引き立ていただいたご恩返しが、いささかにてもさせていただければ本望だと、ただ一筋にご恩返しの心でつとめさせていただく心を定めました。

まだ十七日まで一週間ほどあるから、その間、安静にしておれば少しは元気も回復するだろうと思い、承知いたしました旨をご返事申し上げますと、先生は、

「それでは明日から毎晩、大教会で練習しますから来てください」

と言って帰られました。

私はまだ一週間あると思っていましたのに、明晩からとのことで、こりゃえらいことになったと思いましたが、一旦お受けした以上どうすることもできず、翌十二日の夜、笙を提げて、微熱で衰弱した身体をヒョロリヒョロリと大教会へはこびました。

そんな状態です故、大教会へ着いた時はもう練習を始めておられて、

「林さん、待ってました。早《はよ》う、早う」

と急《せ》き立てられ、身体が悪いと言う暇もなく練習にかかりました。三台塩《さんだいえんの》急《きゅう》、抜頭《ばとう》、陪臚《ばいろ》など長い曲を七時から十一時まで、繰り返し繰り返し吹き続けるのですから、私はフラフラです。その時、笙を吹きながら、

「なむてんりわうのみこと、なむてんりわうのみこと」

と親神様の御名を唱え、

「どうせ死ぬのだ、どうせ死ぬのだ。ご恩返しのために死んだら結構だ」

と心に叫んで、捨て身で吹き続けました。終わって我が教会へ帰ると夜十一時半、ぐったり死んだように床に倒れました。

翌日、また翌日と、夜になると大教会へはこび、

「どうせ死ぬのだ、どうせ死ぬのだ」

と捨て身で練習を続けているうちに、ふしぎにも微熱がとれ、食が進むようになり、十七日には真柱様の御前で、晴れの大教会昇格奉告祭の雅楽を無事つとめさせていただきました。翌十八日には床上げをなし、六カ月絶対安静と宣告した医師も驚嘆されるほどの結構なご守護を頂きました。

これ全く大教会昇格奉告祭という、旬のお徳を頂いたからこそであります。

翌昭和十六年四月、三十五歳の時、現本部員・平野義太郎《ひらのよしたろう》先生が京都教区長に赴任され、思いもよらぬ伏見支部長の任命のお話を承りました。

従来、教区役員は、大なる背景のある教会か、年限古き理のある先生ばかりで、しかも伝統を保持する京都のことですので、裸一貫より出発した一介の教会長で、まだ三十五歳の若輩である私は極力辞退いたしました。しかし、

「支部長は名誉職でない。推進力となって働いていく役である」

と、どうしてもお聞き入れなく、上級の会長様を通じて父母をも説得されましたので、そのご厚志に感じ、いよいよお受けすることといたしました。

一旦支部長を拝命した以上、私は教区の御用はおぢばの御用と悟り、おぢばの思召《おぼしめし》に沿い、管内三十四カ所の教会、布教所の発展のため、一意専心させていただく決意を定めたのでありますが、思えば前年五月、肋膜炎のおていれで、我が教会にとらわれる心を一掃し、一切空の心で親神様の思召のまにまに、与わる御用を喜んでつとめさせていただく心構えの下準備をなしおかれ、今日、支部長任命の理をお見せいただく深きご神慮のほどを、しみじみと痛感いたしたのであります。

支部長新任早々の七月の例会に、弱輩の私が突然支部長となりましたので、管内教会長の中には理屈を並べる方もありました。種々の意見を聞きながら、私がフト心の中で、

「私としては、管内教会の発展をこれほど真剣に思っているのに、肝心の会長連がこんな気薄い心なら、こちらもよい加減にして、事務的な世話程度にとどめておこう」

と思いますと、その集会の最中よりガタガタ身体が震えだし、寒けがしてきました。同夜は、真夏ですのに冬布団を二枚重ねても寒く、夜中二時ごろまで震えが止まりません。まさしく肺炎の徴候です。肺炎は、成ってくる理にさからう理。人にとらわれ、親神様の思召にさからっている。まことに申し訳ない。今後は人をめどうにせず、あくまでも親神様の思召達成のため、誠真実で真一文字に進ませていただきますと心定めをしますと、ぐっすり寝られて、翌朝はすっきりご守護を頂きました。

また、ある時の集会に、私は純真一路、真面目《まじめ》一方でつとめていますのに、他の方々には私の気持ちが分かってもらえず、こんなに誠意を尽くしても分

からんのかと腹を立てますと、その夜より赤痢《せきり》のような徴候になりました。

「かとうやらこう、やらこうかとう、急いで急がんみちゃ」

と聞かせていただいていることを思い浮かべ、短気な心をさんげして数日間でご守護を頂きました。

また、翌昭和十七年には、風邪がこじれて微熱が続き、咳《せき》と痰《たん》が出て次第に痩せてきましたので、医師の診断を受けると肺病の三期である。すべての公職は辞任し、一年間は絶対にサナトリウム療法が必要と宣告されました。まだまだ人にとらわれ、物にとらわれ、形にとらわれている心をさんげし、生死一如の明るい気持ちになり、スーッと心が清まり、胸が掃除されたような感じになりましたら、さしもの大患も二カ月余りで起き上がれるようになりました。

支部長に就任して日がたつに従い、管内の会長方も追い追い私の真実と熱意が分かり、一手一つに心も揃い、すべての成績もよく、一周年記念祭も、いとも盛大に執行いたしました。

その翌日、来賓として迎えた前支部長先生の教会へ、お礼の挨拶に伺いま

すと、

「最初は年も若いので心配していたが、よくやってくれた」

とお褒《ほ》めのお言葉を賜《たまわ》りました。洋食にビールなどを頂き面目をほどこして、帰途、門を出ようとしますと、鼻の下がザクザクし、押さえると腫れ物が出来かけている。命取りと称される面疔《めんちょう》の前兆であります。

これは高慢のお知らせだ。「勝って兜《かぶと》の緒を締めよ」との諺《ことわざ》通り、成績が上がれば上がるほど低い心になるようにと、今、褒められてビールを頂いたばかりに、かくもお仕込みくださる親神様の親心を深謝いたしますと、数日間でご守護を頂きました。

かくて一層心を引き締め、万事に注意してつとめさせていただきましたので、父のあとを継いで弘徳分教会長に就任するまで四年六カ月、恙《つつが》なく支部長の職を完遂《かんすい》させていただきました。

このように、私の心が右へ行こうとしますと、身上の障りとなりますので、思い留《とど》まり、左へ傾こうとすると、また身上のお知らせとなりますので、思いを変えて進ませていただきます。

私が今日まで順調にみちの上に成人させていただきましたのは、決して私の力ではありません。幼い子供がうかうかと崖《がけ》へ近づこうとしますと、

「そんな所へ行っては危ない」

と親が手を引っぱって、引きもどしますように、目には見えねど、親神様や教祖が私の身辺につき添うて、私が踏み誤らぬよう、その都度、その都度、細かいところまで行き届いたお知らせを賜り、手を引いて連れて通ってくださったおかげであります。いたらぬ私をここまでご心配くださり、お引き立てくだされているのかと、その温かい親心を悟らせていただきます時、ただただ感泣せずにはおれません。

せめて親神様や教祖にご心配をかけぬよう、心の成人をさせていただき、ご安心をしていただきたいと日夜つとめさせていただいておりますが、年限がたてばたつほど、自分のいたらなさばかりが一層身に染みて、毎日お詫びを申し上げておる次第であります。

かくのごとく、親神様や教祖に守られ、手を引いて連れて通っていただいている、私たちおみちの者はまことに幸福で、先案じすることもなく、人間

思案を出す必要もなく、親に抱かれた三才心の安心と喜びの生活が過ごさせていただけるのであります。

澄んだ心に理が映る

このように、いかなる身上の障りも事情のもつれも、親神様がほうきとなって、私たちの心を掃除してくださる温かい親心の現れと悟り、心のほこりを一つ一つ払《はろ》うてまいりますすと、次第に心が澄んできて、元々親神様よりお与えいただいたままの本心である、月日・親神様の御《み》心に近寄らせていただけるのです。これを心の成人と申します。

かくて自分の心が成人して、魂がさえてまいりますと、日々成ってくる理を通して、親神様の思召《おぼしめし》を一つ一つあざやかに心に映させていただき、こうすればああなる、ああすればこうなると、未然に将来のことが悟らせていただけます。そこに自分の正しい行く道も分かり、現在なすべきつとめも悟れ、日々安心して、力強く勇んで通らせていただけるのです。これが神一条の生活で、真の陽気ぐらしであると思わせていただきます。

私が支部長を拝命いたしました昭和十六年より戦争が勃発《ぼっぱつ》し、政府の要請により炭坑へひのきしんに出動することとなりましたが、五回、六回と度重なってまいりますと、青年たちは応召や徴用に行かれ、割当人数の選出も困難となりました。

いよいよ六回目の出動の時、支部割当三十人につき東奔西走《とうほんせいそう》し、漸《ようや》く人員だけは揃《そろ》えましたが、それは私の熱意と説得で完成しましたので、なかには、

「支部長様があんなに言われるから」

と、やむなく出動する心の無理が伴っていることが察知されました。隊員に勇み心の欠けた理があれば、必ず怪我《けが》人が出る。誰一人犠牲者を出しては申し訳ないと、隊員一同を九州の炭坑へ送り出したその足で、京都駅より早速おぢばへかえらせていただき、親神様と教祖の御前で、

「すべては割当人員を揃えねばならぬ支部長たる私の責任であります。万一、隊員に怪我をするいんねんの方があれば、その方の代わりに責任者の私か、

私の家族を身代わりに立てていただき、全員無事に帰還させていただきますように」

と頭を畳にすりつけ、必死の祈願を込めさせていただきました。


かくて朝夕ひたすら隊員の無事帰還を祈願しておりましたが、一カ月後のある日、当時六歳の二男・伊久徳《いくのり》が教会の門を出ようとすると、出合い頭に走ってきた近所の子供と衝突し、左腕の骨が肩からポロリとはずれました。

これはどうした親神様のお知らせか。フト浮かんだのが、炭坑ひのきしんに隊員が出発したその日に、おぢばで親神様にお願い申し上げたことであります。

早速、九州の隊員あてに、

「何月何日何時ごろ、隊員の上に何か異変が起こらなかったか」

と照会状を出しますと、折り返し返事が来ました。

「支部長様のお手紙を見て、隊員一同驚きました。支部長様は遠く離れた京都よりこの九州のことが、どうしてお分かりになったのですか。手紙に書いてあったちょうどその日のその時刻に、二人の隊員が事故のため、命のないところを奇跡的にたすかりました。一人は坑内での掘進作業中、アッという間に落盤で埋もれましたが、幸い、ちょっとした怪我で済みました。一人は坑外で坑木の運搬作業中、山と積んだ坑木がガラガラと崩れてきて、その下敷きになるところを、これまた足をはさまれただけで済みました。同じ日に二人が大難を小難にたすけていただき、命拾いをさせていただきましたのも、京都で支部長様が私たちのことをご祈願なしくだされているからこそと、話し合っていますところへ手紙がまいり、事故のあった日も、時刻までぴったり合い、一同感激いたしております」

とのことでした。

私はこの手紙を見て、可愛《かわい》い我が子の怪我の心配よりも隊員の無事を喜び、同時に、こうしたことはすでに隊員の出発前に浮かばせていただき、おぢばで祈願させていただきましたが、その願い通り我が子を身代わりに立ててくださった親神様の自由自在《じゆうようじざい》のご守護に、心よりお礼申し上げたのでした。

なおもふしぎなことは、一カ月後、隊員が無事に任務を完遂《かんすい》し帰還されたのを京都駅へ迎え、労を謝し、解隊式を済まして我が教会へ帰ってまいりま

すと、門まで出迎えた六歳のその子が、

「お父ちゃん、ばんざいできるよ」

と、両手を挙げて私に見せたのであります。全員無事帰還したその日に、一カ月ばかり治らなかった手が、初めて上へあがったのでした。

「あると言えばある、ないと言えばない。願う心のまことから、見えるりやく、が神の姿や」

とお教えいただいておりますが、かくもふしぎに合図立て合ったあざやかなご守護を見せていただき、親神様は真実の心次第で、いかな自由《じゅうよう》でもしてくださることを、はっきり摑《つか》ませていただいたのであります。

　また、昭和二十九年二月、信者の理髪店で整髪をしてもらっていますと、その主人が、

「会長さん、えらいことどっせ。頭のてっぺんの毛が丸く銭形に抜けてますがな。こんなん、薬つけても、紫外線あてても、なかなか治りませんよ」

と言われます。肉体的原因は過労や睡眠不足だそうです。それを聞いた私は、

「ああ、そうか。それではこれは誰にも言えんことやが、あんただけに参考

に言うときますわ。いよいよ親教会の会長様が出直されるから、心構えをしておきやとのお知らせや」

「へえー、どうしてそんなことが分かります」

「てっぺんの髪の毛が抜けるというのや。私にとって一番上は親教会の会長様や。それが抜けられるお知らせや」

と申しました。

その会長様は六十三歳の未亡人で、三年前の昭和二十六年に大患をせられ、すでに命のないところをふしぎなご守護で回復されましたが、いよいよ今度はお出直しだから、その心構えをしておくようにとの親神様のお知らせと悟らせていただきました。

そこで会長様にご安心をしていただくよう、上納金や維持費はもとより、費用はいかほどいっても私が引き受けますから、好いた物を食べ、好いた養生をしてくださいと申し上げ、大変お喜びいただきました。

次に、出直されたら先立つものはお金で、とっさに三万円くらいはいります故、その月より別個に用意をいたしおきました。次に十日祭、二十日祭、納骨式などの企画、殊に、その親教会の息子様はまだ教師になっておられませんので、修養科、講習費の計画ならびに、その息子様が成人して会長に就任されるまで、誰が責任者となり、いかにして経営していくかなど、こんなことは誰にも申せませんので、私一人詳細に熟慮し、心構えと準備を進めておきました。

その二月ごろには、まだ元気だった会長様が、四月ごろより容体が悪化し、六月二十四日、いよいよ身上が迫ってきましたので、その枕頭《ちんとう》へ三万円を持参し、

「会長様、ご心配いりません。あとのことは一切引き受けます」

と申し上げますと、会長様も大変喜ばれ、安心して楽々とお出直しになりました。

二月より心構えをしておきましたので、告別式も霊祭も立派に執行され、教務の方も支障なく、また息子様には修養科を志願していただき、そのご成人まで上級会長様のご指名で、私の母が会長代務者をつとめさせていただくことに決定しました。滞りなくご本部のお許しを頂き、十一月に会長就任奉

告祭を盛大に執行させていただきましたが、その十一月に、先の理髪店へ行きますと、

「会長さん、ふしぎですなあ。髪の毛の抜けたところが、元通りきれいにはえてきてますがな」

「そりゃ当たり前や。親神様からのお手紙を読ませていただき、その思召通り実行したら、手紙が不要になるのは当然や」

と申しました。

もしも私が、髪の毛が抜けた、こりゃ大変だと、毛のみにとらわれて、親神様のお知らせが悟れなかったら、会長様が出直されてから、もっと喜んでいただいておけばよかったと、あとになって取り返しのつかぬ愚痴《ぐち》が出たり、さあ、葬式はどうするか、あとはどうして立てるかと、あわてねばならぬところですが、幸い髪の毛の抜けた身上を通じて、将来現れてくる理を悟り、その心構えをなしおきましたなればこそ、私の生涯を通じての一大事である、親教会の会長様のお出直しも、かくのごとく支障なく、着々と処理させていただけたのであります。

教祖は、

「八町四方は神の屋敷、一里四方は門前うちら」

と、将来のおみちを見通して種々お話しくだされていますが、私たちも心が入れ替わり、魂についた悪いんねんが拭《ぬぐ》われて、親神様の理が心に治まる時、親神様のお知らせくださる理を通じて、将来のことも悟らせていただけるのです。将来成ってくる理が悟らせていただけますから、今こうしておかねばならぬ、ああしておかねばならぬと、現在なすべきつとめをはっきり分からせていただけるのであります。そうした澄んだ魂になるよう、日々心の成人、理の成人につとめさせていただくことが、教祖のひながたをたどらせていただくことだと悟らせていただきます。

いがけやおたすけは一時の熱心だけでもできます。私自身、水行し、断食し、難病の方を数え切れぬほどたすけさせていただき、修養科生や別席者も幾多出させていただきました。

しかし、そうした方々が、真に親神様の思召を心に治め、親神様のお役に立つことを楽しみとするような成人をされるのは、おたすけ人である私自身の心の成人、理の成人ができただけであります。私自身に自己の性格があり、神一条の理が治まらぬ間は、一時の熱心で、珍しいおたすけを上げさせていただいても、ご守護を頂かれた後が育たず、切れてしまうのです。

私の布教中で一番苦心しましたのは、にをいがけやおたすけなど、外にあるのではなく、自分自身のコンクリートのような心を打ち割り、悪いんねんのこびりついた心を掃除して出し切ることでした。自分の心が入れ替わり、親神様の御心に近づかせていただけ、理の子が育ち、みちが伸びてきたのであります。心のみち、理のみちで、自分自身が成人しただけの理が働くみちであります。

世界たすけの先達として、親神様よりお引き出しを頂いた私たちみちのよふぼくは、親神様よりお預かりした理の子にたすかっていただくため、まず自分自身が、教祖のひながたをたどり、魂を澄まさせていただく心の成人、理の成人に、しっかりつとめさせていただかねばならぬと存じます。

第九章　霊様《みたま》は働く

命懸けのおたすけ

髙橋義幸《たかはしよしゆき》氏は十七歳のころ、肺浸潤《はいしんじゅん》のご守護を頂き入信され、天理教校別科を卒業後、北支（中国北部）へ出征しておられましたが、昭和十九年一月、二十六歳の時、一時帰還中に腎臓結核を発病し、医師より腎臓摘出の手術を申し渡されました。

義幸氏は私を大変慕《しと》うておられ、手術はやめ、親神様にもたれると言われ、私も弟のように親しくしておりましたので、どうでもこうでもたすかっていただきたいと思いましたが、昼夜とも激しい苦痛に襲われ横臥《おうが》もできず、日々衰弱が加わり、医師から寸刻を争うと言われたほどの重体です。

親神様にすがる心はありますが、七転八倒の苦しみで、たすかる理のねり合いもできません。この瀕死《ひんし》の大病がいかにすればご守護いただけるか。そこで、理の親である私が、本人のいんねんを私自身のいんねんと、一切を引きかぶり、本人になり代わり、さんげと理づくりをさせていただく心を定めました。

瀕死の病人をたすけていただくには、決死の理づくりをしなければならぬ。私にとって一番つらいことを実行させていただこうと思いました。

当時、私にとって一番つらいことは炭坑ひのきしんでした。政府の要請で各地の炭坑へ出動中でしたが、私は肺浸潤を患い、体重も十一貫（約四十一キロ）を超えたことなく、徴用も不合格のような虚弱な身体《からだ》でしたので、炭坑だけは不向きだと出動しなかったのです。今、この理の子の決死のおたすけのあたいとして、私にとって一番つらい炭坑ひのきしんを自ら進んで申し出たのでした。本人には何も言わず、

「ご指名で炭坑へ行くことになった。あなたの分のひのきしんもしてきます。たとえ京都と九州とへだてていても、必ず理が働きますから安心しなさい」

とだけ申しましたが、ふしぎにも、その夜より苦痛がとれ、横に寝られるようになったのです。

二月より五月まで、九州の飯塚《いいづか》坑で三カ月間、増炭ひのきしんをつとめ帰京しますと、義幸氏は手術もせずに治り、元気な姿で京都駅へ出迎えられ、八月に私が「いざひのきしん隊」として再び炭坑へ出動する時、義幸氏も再応召に合格し、南方戦線へ出発されるほどのあざやかなご守護を頂かれました。

昭和二十年八月十五日、第二次「いざひのきしん隊」として三度目の炭坑ひのきしん中に終戦となり、帰京するや直ちに、

「日本も一から、おみちも一から、私も元の一から単独布教を開始する決意で」

と、家族や役員と相談し、同年十月二十五日、従来の錦京分教会（昭和三十一年に初弘徳分教会と改称）の会長を妹とくに譲り、私は父の後を継いで弘徳分教会二代会長に就任のお許しを頂き、心機一転、新しい意欲を持って布教に門出させていただくこととなりました。

南方へ出征しておられた髙橋義幸氏も、苛烈《かれつ》極まる爆撃の中を奇跡的にたすかり、終戦とともに復員し、家業の理髪店を継いで結婚され、二人の子供も授かり、信仰も熱心に続けておられました。

私は義幸氏に、

「こうして幾度も、ない命をたすけていただけたのは、あなたをみちのよふぼくにしたいという親神様の、よくよくの思召《おぼしめし》と悟る故、家業は弟にまかし、あなたはみち一条に出させてもらいなさい」

と何回となく申すのですが、なにぶん十人余りも店員を使用している京都屈指の理髪店の主人におさまられたので、

「おつくしは喜んでさせていただきますが、みち一条に出ることだけはできません」

と、その都度断りを言われました。それでも、月次祭には必ずつとめ、ひのきしんもなし、おつくしもできる限りしておられました。

私は顔を見るごとに、

「おつくしも結構やが、自分が実地ににをいがけをし、おたすけをしてこそ、

初めて親神様や教祖のご恩も分かり、理の親の心も悟らせていただけるのや。そこでしんから心もつくれ、いんねんも切れ、たすけていただけるのやから、どうでもみち一条に通らしてもらわんとあかん」

と、再三繰り返し申しておりましたが、どうしてもみち一条の心が起こらず、家業に精励しておられますうちに、昭和二十三年十月、南方戦線で爆弾の破片が当たった跡が化膿《かのう》してきて脊椎《せきつい》カリエスとなられ、三度目のおたすけにかからせていただくこととなりました。

「一度は許す、二度は見のがす、三度は許すに許されん」

と聞かせていただいております、その許すに許されん三度目のご守護を頂くのですから、なかなか容易なことではないが、私としては、なんとしてでもたすかっていただきたいと、命懸けのおたすけの心を定めました。

しかし、いかほど命懸け、命懸けと口で言ってもだめで、命に代えるような具体案を示さねばなりません。

ちょうどその時、大教会長様より、西陣大教会の創立六十周年に当たる昭和二十六年をめどうに、三カ年間に一教会が一カ所の部内教会を設置するようお打ち出しを頂きました。

そこで私は、弘徳分教会として一カ所は言うまでもなく、親教会の神徳分教会ができねば子が引き受けるのが当然と思い一カ所、さらに子の教会の錦京分教会ができねば親が引き受けるのが当たり前と一カ所、自分のところと親の分と子の分と、合計三カ所設置の心定めをさせていただきました。

一カ所の教会を設置するだけでも容易ならぬものを、三カ年間に三カ所の教会にふさわしい土地建物を授けていただき、会長になる芯の人をはじめ、教師十五名、おさづけ人三十名、信者百名以上は少なくとも与えていただかねばならぬのですから、人知人力を超えた奇跡を頂かねばできることではなく、その奇跡を生み出すための真剣なつとめこそ、おたすけに対する命懸けのあたいで、これ全く大教会長様の思召に応えるとともに、髙橋義幸氏のご守護を頂きたいとの上からの、私としての決死の心定めでありました。

かくて義幸氏に、

「私は外でおたすけに働くから、あなたは教会へ入り込み内を守り、会長と表裏一体、一つ心、一つの理でつとめなさい」

と、心魂込めてお話しさせていただきました。しかし義幸氏は、私の誠意は喜んでおられますが、どうしてもその心になれず、療養につとめておられる間に日に日に衰弱が加わり、八月二十日になって初めて心から、

「今までの信仰は、いかに会長様が言われても、自分の心の中で定めた枠の範囲内だけは聞かせていただき、それ以上は聞いておらなかった。これが悪かったと思います。今日からは、その心の枠を破り、どんなことでも聞かせていただいたことを素直に実行する信仰に入らせていただき、寝ながらでも教会へかえり、会長様と一体となって働かせていただきます」

と言われましたが、その翌二十一日早朝、三十一歳で出直されたのでした。

前日は元気よく種々話をしておられたほどで、本人も出直す心積もりはありませんから、家族の人にも何一つ遺言もせず、ただ、

「会長様を呼んできてほしい」

とだけ言われ、少しの苦しみもなく、楽々と出直されたそうで、まことに明るい死に顔でした。

私としては、こうしたことが早くから予期され、繰り返し繰り返し精魂込

めてお話ししておりましたことを、漸《ようや》く昨日悟られると同時の出直しで、まことに惜しいことでした。しかし、義幸氏のためには命懸けの真実を伏せ込み、最後にみち一条に仕える心を定めて、魂がたすかられたことは、この和やかな死に顔を見ても明らかなことです故、尽くし切った者の明るさで、心残りはありませんでした。

それにもかかわらず、義幸氏の葬祭後、髙橋家に祀《まつ》ってある遺骨の前で十日祭、二十日祭を執行していますと、本来なればあれほど親しかった仲ですから、祭文を奏上していても生前同様の情が湧《わ》いてくるのが当たり前ですのに、いつも空の前で拝んでいるような感じがしますので、これはどうしたことかと、ふしぎに思っていました。

翌月の九月に九州へ巡教し、信者の吉田氏宅を訪問しますと、同村に、お告げをする老女があって、最近、付近の評判である旨を聞きました。私は今まで、そうした巫女《みこ》の口寄せなど噂《うわさ》では聞いていましたが、実地は知りませんので、何心なく参考のため行ってみようと思い、吉田氏と同道、その老女の家を訪れました。

私は天理教の者と言わずに、

「私の懇意な方が先月死亡されたのですが、その人の魂が今、どこへ行っているか分かりますか」

と尋ねますと、暫《しばら》く神前で祈願していた老女が私の方へ向き、座りなおすなり、

「その方は神様に仕えねばならんいんねんの人やが、生前中、どうしても仕える心が起きなかったのや。その人の魂はあなたの……」

と、突然私を指さして、一段力強い声で、

「あなたの腕に抱かれて、楽々と神様のおやしきへ行っておられますがなあ。そして来生は神様のおやしきに生まれてきて、神様に仕えられるのや。その証拠には、その人の死に顔はとても楽しそうでしたでしょう」

と言われました。

　私が天理教とも言わず、義幸氏の最期の様子も言わないのに、このようにはっきり言われましたので、何げなく訪問した私も、背筋に水を浴びせられたように感じました。

義幸氏が出直す前日、寝ながらでも教会へかえり、会長様と一体となって働きますと言われ、出直しに際しても、ただ一筋に「会長様を呼んできてほしい」とだけ言われ、楽しそうなその死に顔や、その後の高橋家における霊祭に、いつも空の前で祭文奏上をしているような感じがしたことなどを総合しますと、まさしくその老女が言われた通り、義幸氏の魂は高橋家にはおられず、目には見えねど私の腕に抱かれて、すでに教会へかえっておられることを、はっきり悟らせていただいたのであります。

同時に、

「今生聞かぬものは来生、来生聞かぬものは再来生、生まれかわってでも死にかわってでも、みちのよふぼくのいんねんあるものは、親神様が引き出されるのや」

と聞かせていただいており、私が義幸氏にみち一条の魂のいんねんを繰り返し繰り返し申していたことを、いまさらながらに痛感したのでした。

そこで帰京するや、早速、高橋家に右の由を語り、二十五日に教会で義幸氏の鎮霊祭を執行いたしましたが、なおもふしぎなことが起こりました。

魂はどこへ行く

その高橋義幸氏の霊祭執行中に、突然、十数年間信仰が中絶していたT氏が教会へかえってこられました。

T氏は一時教会で青年づとめをし、その後、教会を出て十年あまり消息不明でしたが、九州の炭坑で働いておられると聞き、私が九州巡教に行った時、一、二度訪ね、義幸氏だけにその話をしておりました。義幸氏も出直される前日、

「Tさんもたすかっていただくよう、みち一条に導いてあげてください」

と言っておられたそのT氏が、九州より京都へ来て、十数年ぶりで教会の門をくぐり、偶然にも昔親しくしていた義幸氏の霊祭に参拝する巡り合わせとなり、何と思われたのか、その場で、元一日の信仰にかえり、教会でつとめさせていただきたいと願い出られました。

教会としては、にわかに思いもよらぬことでしたが、T氏の希望に沿い、

住み込みでつとめることを承諾しました。T氏は前に教会の青年づとめをしておられ、勝手もよく分かっておりますので、その日より早速に、今まで義幸氏が教会でしておられた仕事ができました。これ全く、寝ながらでも教会へかえって働きますと言われた、義幸氏の霊《みたま》がT氏を引き寄せ、自分の代わりに御用に役立たせられたのだと悟らせていただきました。

また、生命保険会社の支部長をしておられる堀出常七《ほりでつねしち》氏は、髙橋家とは義幸氏の亡父時代から二十年余の親交でしたが、いつも天理教に反対しておられ、今度も義幸氏が出直されたにつき、生命保険の手続きの用で髙橋家を訪れ、

「あんたとこは、天理教信心しながら、お父さんにも死なれ、兄さんにも死なれ、もうよい加減にやめときや」

と言われました。義幸氏の弟である、当時二十一歳の龍郎《たつろう》氏が、

「病気がたすかるだけが信心ではありません。父が死んでも兄が死んでも、あとに残った兄弟がこうして仲よく励まし合って、明るい心で通り切らせていただけるのが信仰のおかげです。ちょうど明日は教会の大祭ですから、一

度、見がてら参拝してください」

と答えられると、堀出氏は感心して、

「一家の中心の兄が死んだら、みな悲観し、動揺するのが当たり前だのに、こんな二十歳あまりの青年がえらいことを言うもんや」

と、フト翌日、教会の大祭に参拝されました。今まで予想もしなかったおみちの偉大なご教理に感銘され、その翌朝より数年間、教会の朝参りを続けられ、堀出氏もその奥様も娘さんも全員、修養科を修了して教師となり、現在は布教所を設置されています。また、義幸氏の母さくを姉《し》が責任役員に就任されるまで堀出氏が一期間その御用をなし、これまた義幸氏のされる役をつとめられたのでした。

　義幸氏が出直されたための生命保険の手続きから、かくのごとくにをいが掛かって成人され、その堀出氏よりの話で一昨年、六百五十余坪の新やしきが決定しましたことを考えます時、義幸氏の霊がどこまでも働いてくださっていることを、ありありと悟らせていただきます。

　髙橋家は二男の龍郎氏が家業を継がれましたが、その龍郎氏に肺浸潤《はいしんじゅん》が現れました。そこで母親のさくを姉も、いよいよいんねんの自覚をされ、たすけ一条に専念する心を定めて龍郎氏のご守護を頂き、昭和二十六年、めでたく南弘徳分教会を設置し、その会長となられました。現在、高橋家の関係より、教会一カ所、布教所三カ所、集談所七カ所の、たすけ一条の出張《でば》り場所ができてまいりました。

しかもふしぎなことには、家業を継がれた二男の龍郎氏が追い追い成人されて、親や親族の要望で義幸氏の妻だった尚江《なおえ》姉と結婚し、教祖七十年祭をふしとして次の弟に家業をまかせ、教会の後継者として立つべくみち一条の心を定め、弘徳分教会へ住み込まれたその日に、奇《く》しくも先年、義幸氏の霊祭の日に十数年ぶりに教会へかえり、それまで教会につとめておられたT氏が、教会を無断で出ていかれたのでした。

思えば義幸氏の霊が、弟の龍郎氏がみちの上に成人して自分の代わりができるようになるまで、昔なじみのT氏を引き寄せ、教会の御用をつとめてくださされていたことを、はっきり悟らせていただきます。現在、その弟の龍郎氏が日々教会につとめ、十年前、私が義幸氏に望んでいた通りの役をしてくだされているのであります。

大教会長様の思召《おぼしめし》に沿い、義幸氏のおたすけのあたいとして命懸けの決意で心定めさせていただきました三カ所の教会設置も、滞りなく昭和二十六年の大教会創立六十周年記念祭に完遂《かんすい》させていただき、その後、教祖七十年祭に再び三カ所の教会を設置させていただきましたが、かく順調に教会が発展させていただいたのも、目には見えねど、義幸氏の霊が教会に鎮まり、出直しの前に言われたごとく、私と一つ心に働いてくださったからであるということが、成ってくる理を通して明らかに悟らせていただけますので、私自身、今でも義幸氏と二人連れの心でたすけ一条につとめさせていただいておりま す。

この私の体験より、みちに尽くし、みちを思うて出直しなされた霊様方の霊祭は、真心込めて懇切にさせていただかねばならぬと存じます。親神様、教祖のご守護は申すまでもありませんが、初代会長様はじめ先輩先生方、信者の皆様方がご在世中に、その時、その旬に応じてお伏せ込みいただいた真実の理が、今日の私たちの上に現れているのです。思えば、霊様方のご苦労の理につつまれた私たちであります。その霊様方の徳を称《たた》え、霊様方に勇んでいただく真実のつとめをさせていただく時、霊様方のお伏せ込みの徳とご加護が現れ、後々の者が一層順調に発展させていただくのであります。

また、よしや、おたすけの上でかりものの身体《からだ》はご守護を頂けず、出直されましても、心魂を込めておたすけをさせていただいた真実の理、霊様が喜んで出直された理、生前伏せ込まれた理は、いついつまでも消ゆることなく、真剣におたすけを運んだ者の上にも、霊様の家族や子孫の上にも、必ず結構な理として芽ばえてきて、年限がたてばたつほど、なるほどと分かってくるのですから、目に見えた形の生死、たすかる、たすからんにとらわれず、どこまでも理をめどうに誠真実のつとめをさせていただくことが大切だと存じます。

第十章　理はあざやか

かぶりつき

しんぢつの心あるなら月日にも
しかとうけやいたすけするぞや　七 84

とのお言葉のごとく、親神様はいかなることも請け合っておたすけくださいます。しかし、

「たすかるのも理、たすからんのも理。たすかるという理を聞き分けるよう」

とお聞かせいただきますように、同じ信心をしておりましても、理の立った信心をしておられる方は、着々と親神様のお徳が頂けますが、理の立たん信心をしている方は、年限がたってもお徳が頂けず、いつまでもいんねんに苦

しまねばなりません。そこで同じ信仰をさせていただくのなら、親神様のお徳の頂けるような、理の立った信仰をさせていただくことが肝要であると思わせていただきます。

では、いかにすれば親神様のご守護が頂けるか。

私はまず、第一に、

このもとをくハしくきいた事ならバ
いかなものでもみなこいしなる　一　5

とお示しくださいますように、このおみちのお話を詳しく聞かせていただくことだと存じます。

私は十七歳でみち一条に出させていただきましてより、五十三歳の今年まで三十六年になりますが、どなたにも、

「まだまだ届きません。勉強の最中です。いささか体験させていただいただけを、ご参考に申し上げておりますのです」

と申しております。まことにこのみちは、きりなしふしんのみちで、年限がたてばたつほど、自分のいたらなさ、届かなさをしみじみ痛感させていただ

きます。それを、お話をちょっと聞き、もう天理教は分かった、またあの話かと早合点をすることが、ご守護を頂けない元です。どこまでも、みちを求める低い心が最も大切であると存じます。

私は単独布教に出させていただいてから今日まで、教務支庁でも上級教会でも、必ず講演台の真正面に座り、先生の顔を見つめてお話を聞かせていただいてまいりました。満員の時はやむを得ませんが、まだ前が空いているのに、必ず障子や柱のそばへ座られる方があります。先生のお話は真正面でも障子のそばでも同じように聞こえますが、このみちは話を覚えるみちではなく、いかほどお話を覚えても、肝心要《かなめ》の親神様に働いていただく理を頂かねば何にもなりません。

「天から授ける理は一つ、受ける精神によって理が変わる」

と聞かせていただいておりますが、親神様のお話は理の話で、重く聞けば重い理、軽く聞けば軽い理、受け取る銘々の精神によって、親神様から頂く理が変わってくるのであります。

いかほど私が真正面で熱心に聞いておりましても、三十余年間のお話を皆、覚えていることはできません。話は忘れますが、重く聞かせていただいたという理が残るのです。その理が、常は忘れておりましても、いざ必要という時に、何年前にこういうお話を聞いた、あの時こういうお仕込みを頂いたと、フト浮かぶのが神心で、親神様が銘々の心に入り込んで浮かばせてくださるのです。理を軽く聞いておりますと、その話が必要な時に浮かばず、後になって思い出し、取り返しのつかぬ後悔をするのです。必要な時に必要な話が浮かぶのと浮かばないのとが、五年、十年、二十年と年限がたつと、やがて大なる運命の開きとなって現れてくるのであります。

いかにすれば親神様のご守護が頂けるか。まず、お話しくださる先生の御前のかぶりつきで、理を重くしっかりお仕込みいただくことが土台だと存じます。

私は教祖四十年祭、五十年祭、六十年祭、七十年祭とも皆、最前列のかぶりつきで教祖にご挨拶《あいさつ》申し上げ、感激の涙に咽《むせ》ばせていただいたのでありますが、かぶりつきの真剣な信仰こそ、親神様、教祖に近い理、ちょっと手をのばせば働いていただける理であると、悟らせていただいております。

心定め

第二は、お仕込みを頂いた理に沿い、しっかり心定めをさせていただくことであります。

「心定めが第一や、心定めに乗って親神様はお働きくださる」と聞かせていただいておりますが、我が身、我が家、我が教会の都合を台としての心定めは、自分の徳だけしか現れてきません。親神様、教祖、会長様のご恩を思い、親の思いを台とした心定めをするところに、自分の徳の上に親の徳を継ぎ足していただき、珍しいご守護が頂けるのであります。

昭和二十七年十月、おぢばで教祖七十年祭の御理と心構えを、かぶりつきでお仕込みいただいた私は、親教会の会長様が定められただけを、私が引き受けさせていただく心定めをいたしました。私は、私の教会は仕事場であり、親教会が本宅で、仕事場での丹精の理を、本宅である親教会の会長様に喜んでいただくのが望みです。親の喜びが私の喜びであります。

また、私個人としては、ご年祭に、教祖に一番お喜びいただくお供えをさせていただきたい。親の喜びは、親の心を子供が知ってくれることです。その親の心は、自分が親にならねば分かりません。自分がにをいがけやおたすけに丹精して理の親となってこそ、初めて教祖の思召《おぼしめし》もご苦労も分からせていただけるのです。教祖のご恩が真に分かった、理の親の信仰へ成人した人を、七十年祭だから七十人お供えさせていただこうと、心定めをさせていただきました。

すなわち、教会長、布教所長、集談所組長など、国々所々で教祖のひながたをたどり、芯となってたすけ一条に丹精をさせていただく講元を、七十人つくらせていただく心定めです。一人の別席者でもなかなか容易でないのに、講元七十人のお供えです故、一通りのことではありませんが、その達成のため、今後三年千日、私自身の心を削り身を削って丹精する真実だけが、教祖七十年祭のお供えであると悟らせていただきました。

しかして、来《きた》る昭和三十一年のご年祭には、講元七十人と理の子千人を連れておぢばへかえり、教祖にご挨拶申し上げますとお誓いしたのでした。

一の理

第三は、お初穂《はつほ》の理を伏せ込ませていただくことであります。いかに心定めをいたしましても、その心定めが芽生えてくる種《たね》の伏せ込みをせねばなりません。しかもその種は、いきいきした最良のものでなければならず、また、蒔《ま》くべき旬をはずしてはだめであります。

私の二十四歳の時、親教会で移転敷地購入の集会がありました。なんでもお初穂の理を伏せ込ませていただきたいと思いましたが、教会設置直後の苦労の最中で、どうすることもできず、たった一枚残っていた夏服の上着を売ると五円になりました。それまで伸ばしていた頭髪を丸刈りにして、翌朝、親教会へ駆けつけ、敷地の篤志《とくし》にと、その五円を差し出しますと、奥様が、

「林さん、丸刈りにされたんですね」

と言われますので、

「ハイ、私としてつくさせていただく物がありませんので、せめて毛など切

ってお供えさせていただこうと思いまして」

と言いますと、奥様は、

「毛はよろしいわ。なんぼ切っても、またはえてきますしなあ」

と言われました。その通り、毛はまたはえてきます。すると会長様が、

「おまえ、毛やと思っているのか。敷地の購入に毛まで切ってお供えしようという人がどれだけあるか。その毛を切って頂いたことは何万円貰《もら》ったより嬉《うれ》しい」

と、涙を浮かべてお喜びくださいました。


私が伏せ込んだのは、たった五円でありますが、どなたもはこばれん先に持ってやらせていただいた。これが一の理、台の理であります。

お初穂は決して、お金や物ではありません。親から打ち出された声を「ハイ」と素直に受けて立つ、打てばひびく親と一つ心、一つの理である真実をお受け取りいただくのです。

単独布教中に苦労するのは、毎日伸びていく毛の散髪賃ですが、それから間なしに理髪店へにをいが掛かり、私をはじめ現在二十数名の住み込み人の

人々の散髪をひのきしんでしてくださり、二十数年間、一銭の理髪代も出したことはありません。これは、親教会のおやしきに髪の毛を切って伏せ込ませていただいた理だと存じます。

また、洋服店ににをいが掛かり、

「会長様の洋服はひのきしんさせていただきます」

と、旬々の物を新調して届けてくださいますが、これまた、たった一枚よりない夏服を五円に売って、つくさせていただいた理であります。

殊には、最近次々と設置させていただいた部内教会の土地建物をはじめ、一昨年、新築移転をいたしました弘徳分教会の土地建物が、ふしぎふしぎのご守護を頂きましたのも、これ皆、親教会の敷地購入の上に、真実まことを伏せ込ませていただいた理の芽生えであると悟らせていただきます。

昭和二十七年十一月、おぢばの講習会が済んで帰京するやいなや、早速、教祖七十年祭のお初穂を運ばせていただきましたが、三カ月後に突然、電話局より戦前に申し込んでおいた電話の架設通知がまいりました。局より指定してきた番号を見ると、西陣二七一一番です。中に点を打ちますと二十七年十一月で、教祖七十年祭の諭達を頂いた年月であり、精魂込めてお初穂の理を伏せ込ませていただいた年月に当たります。

「誠一つが天の理。天の理なれば、直《す》ぐと受け取る直ぐと返すが一つの理」と聞かせていただいておりますが、教祖の大恩を思う一心で伏せ込ませていただいた、その年その月の真剣な真心を、永久に変わらぬ電話番号の上にまでお表しくださった親神様の摂理のほどに、深く感激したのでした。

親の声を受けて、ハイと立ち上がる真実まことのお初穂こそ、将来の運命を支配する種であると悟らせていただきます。

つとめ一条

第四には、心定めが完遂《かんすい》されるのも、伏せ込んだお初穂の理が生きてくるのも、日々常々のつとめ一条の理にあると存じます。

つとめの第一は、おぢばへのつとめであり、その要《かなめ》は二十六日の月次祭に、親神様、教祖にお礼申し上げ、親のいきを頂くことだと存じます。

　私は京都で、おぢばから近いとは言いながら、単独布教の最中はなかなかかえらせていただくことができず、毎月二十六日には遥拝《ようはい》し、一日も早くかえらせていただけますようにと、お願い申し上げておりました。

　布教に出て初めておぢばへかえらせていただき、親神様、教祖の御前に頭をすりつけ、ご挨拶《あいさつ》申し上げました時、思わず涙がポロポロ溢《あふ》れ出ました。おぢばは苦労してかえらせていただくほど感激も一層深く、その感激の深さの分だけ、おぢばの理を頂いて帰るのであります。

　やがて、月々おぢばがえりの旅費も順調にご守護を頂くようになりました時、

「これではいけない。おぢばは苦労してかえらせていただいてこそ理があるのだ。今度は教祖にお喜びいただくお土産《みやげ》を持ってかえらせていただこう。そのお土産は月々一人の人でも連れてかえらせていただくことだ」

と悟らせていただきました。

　毎月のことですので、これまたなかなかの苦労で、今月はこちらの人、来

月はあちらの人と、月々切れ目のないようにしようと思えば、よほどたすけ一条に丹精させていただかねばなりません。その苦心、苦労、丹精が月次祭のお供えであり、同時に自分が親となって、理の子を連れてかえらせていただくところに、おぢばの理のありがたさも、ひとしお痛感させていただけるのであります。

かくて二十数年間実行させていただいてまいりましたが、特に教祖七十年祭お打ち出し後は、毎月別席とひのきしん団参の心を定め、月々百名ないし三百名が数年間、現在もなお続けさせていただいております。初代会長の父がみち一条に出る前、菓子問屋をしておりましたのを記念し、月々教祖にお菓子をお供え申し上げ、春秋の大祭と誕生祭にはお便所の草履《ぞうり》を拝んで置かせていただいております。これは私が二十一歳で別科在学中、便所掃除をさせていただいていた元一日の低い心を、いついつまでも忘れぬようにと、これまた二十数年来続けさせていただいておりますが、身上を貸し与えていただき、健康なればこそ続けさせていただけるありがたさを、ただただお礼申し上げているのであります。

つとめの第二は、親教会への日参であります。私はいつも、
「私の教会で最も大切な仕事の一つは親教会への日参である」
と申しておりますが、親教会は根、教会は幹、信者の皆様は枝先で、枝先である信者の上に喜びの花が咲くのは、私たちが根たる親教会へつとめただけの理が現れるのです。電灯が点《とも》るのは発電所へ通じているからで、親に通じる心を、日々、月々、年々積み重ねていくことが、大なる徳を積み上げていくこととなるのであります。

つとめの第三は、朝夕のご神殿のお掃除、お給仕、おつとめを、真心込めてさせていただくのは元よりのこと、特に大切なのは月次祭のおつとめであります。

いつもかぐらやてをどりや
すゑではめづらしたすけする　六下り目　5

とお教えくださいますように、会長を芯として、おつとめに出る方々が一手一つに心を揃《そろ》え、陽気に勇んでつとめさせていただくところに、珍しいご守護が頂けるのであります。おつとめは理のつとめであるということを心に治

め、どこまでも理を重くつとめさせていただくことが肝要だと存じます。

つとめの第四は、会長様へのつとめだと存じます。

このみちは親子のみちとお教えいただき、どのような教会、どのような会長様を理の親とさせていただきますのも深き親神様の思召《おぼしめし》で、その理の親を通じて、自分の悪《あ》しきいんねんも切らせていただき、親神様へのご恩返しもさせていただけるのです。

今生一代のかりものの肉体を生み育てていただいた、肉親の親のご恩は申すまでもありませんが、肉体は出直しても生き通しである魂をお導きくださり、末代たすかるみちへお育ていただいた理の親との仲は、末代までものつながりで、よくよくの深きいんねんがあり、そのご恩もまた、筆舌《ひつぜつ》に尽くせません。

「何でも親という理戴《いただ》くなら、いつも同じ晴天と諭し置こう」と聞かせていただいておりますが、親神様、教祖、理の親、肉親の親、すべての親に勇んでいただき、親の理を頂いてつとめ、親の理を輝かさせていただくのが、このおみちであります。

理の親である会長様を中心に、一手一つに心を結び、勇んでつとめさせていただくところに、晴天の運命をひらかせていただけるのであります。

心の成人

第五は、心の成人であります。この心の成人こそ、つとめた理、伏せ込んだ理を生かし、陽気ぐらしへ門出をさせていただく根本でありますが、これがなかなか至難な問題で、私自身、日々さんげとお詫《わ》びで過ごさせていただいている次第であります。

心の成人とは、すべてのことを親神様の思召であるご教理に基づいて判断し、月日・親神様の御心をめどうに、何を見ても聞いても心を濁さず、お礼と喜びで明るく陽気に通らせていただく心をつくり上げることだと悟らせていただきます。

私が三十五歳で支部長を拝命いたしました時の教区長様が、いつも私に、

「林さん、あなたは京都の林としてはよくつとめてくださり、人も知っていますが、私の希望するのは、京都の林でなく、天理教の林になってもらうことです」

とお聞かせくださいました。

その都度、私は、

「自分のような末端教会の者が、そんなことできるものでない」

と、心の中で打ち消していますのに、何かの時には繰り返されますので、その後、数年間、

「天理教の林になるとはどうなることか」

と、頭の中にこびりついていました。

昭和二十年十月、父のあとを継ぎ、弘徳分教会長任命のお願いにおぢばへかえり、教祖の御前に座らせていただいている時、フト心に浮かばせていただきました。

「天理教の林とは、なんでもなかったのだ。京都の林でなく天理教の林と仰せられたから、ひとかどのえらい先生になるように思うて、そんなこと、と

てもとても打ち消していたのが大きな間違いだ。形は天理教の信者でも、お教えいただいた通り実行していなかったら、事実は天理教の信者とは言えない。天理教の林とは、天理教の教理を実際に踏み行わせていただいておれば、それで天理教の林なのだ。これなら今からでもすぐできることだ」と悟らせていただきました。

天理教は親神様の思召のままに、教祖のひながたをたどらせていただくみちである。教祖のひながたは、人の喜びを我《われ》の喜び、人がたすかることを我がたすかるように思うことで、人を喜ばせ人をたすけようとすれば、まず、自分が損をせねばなりません。損をしよう、損をしよう、損をすることが天理教の林になることだと、しっかり心に治めて、その日を新しい門出とさせていただきました。

損することが目標ですから、上級教会のことでも、部内教会のことでも、信者のことでも、つくしてつとめてお礼を言われたら差し引きは零《ゼロ》。つくしてつとめて認められず、時にはまことを仇《あだ》で返される。これでこそ結構なのだと思わせていただきますから、少しも心を濁すことなく、どんな中も勇んで通らせていただきました。

昭和三十年十二月、親教会の神徳分教会会長代務者をつとめておりました母の身上をふしとして、上級会長様のお言葉により、同教会の息子様と私の長女・弘子の縁談がととのい、教祖七十年祭期間中の二月四日に挙式をさせていただくこととなりました。

そこで実行委員六名を指名し、万事を一任しましたが、委員の方が、娘様の物がどれだけあるか見せていただき、足らぬだけを補わせていただきましようと言われ、妻や娘があるだけの物を出しましたら、皆々驚かれました。わずか銘仙《めいせん》二、三枚に、襦袢《じゅばん》も継ぎの当たっている物、洋服も常着よりほかにありません。委員の方々は、

「これだけの教会で、年ごろの娘さんだから、嫁入り拵《ごしら》えもそこそこにできているかと思っていたのに、無いにもほどがある。会長さんも会長さんなら、娘さんも、ようここまでたんのうして通ってくださっていた。これでこそ、ほんとうのおみちの娘さんや」

と、涙を流して信者一同に語られましたので、信者一同も感激し、今こそご

恩返しをさせていただく時だとばかりに、お祝い、お祝いと、あちこちより集まってきて、一カ月の間に一通りの嫁入り荷物ができたのみならず、その中から約二十万円ほど上級へ理立てもでき、その上、教祖七十年祭に借りてつくしておきました金額まで返済でき、立派に結婚式を挙行させていただきました。

私は大恩ある教祖へ、今こそご恩返しの旬であると、年祭御用の三カ年分を二年間で完納しました。そして、私の教会が済んだら親教会の分、親教会が済んだら上級教会が完遂《かんすい》せられるまで、追加、追加、追加で、娘の物を拵えるどころか、借金してでも上級会長様にご安心していただきたいと、三年千日つくし切らせていただいたのであります。追加として上納しているのですから、私の方がこれだけ不自由、苦労をしているとは、上級会長様も信者の方々もご存じありませんが、人は知らねど、親神様、教祖は見抜き見通しで、いよいよ仕上げのご年祭期間中に、娘の結婚の旬をお与えいただき、理立てや荷物のみならず、借りてつくした借金まできれいに皆、済ましてくださいました。その上、五月に執行させていただいた私の方の教会の教祖七十年祭をふしとして、ご年祭の年と定められたその年の十二月に、思いもよらぬ六百五十余坪の新やしきをお与えいただいたのであります。余分につくさせていただけば、余分にお返しくださるのが天の理であります。

損をしてはかなわんと、我が身、我が家を守ることのみに努力しておられる方々が、思うようにならず行き詰まっておられますのに、教祖のひながたをめどうに、我が身、我が家はどうなっても結構、損することが天理教の林になることだと、損をしよう、損をしようとつとめておりましたら、かくも結構なご守護を頂き、ここにあざやかな理の世界を見せていただくことができるのであります。

しかして十余年前、おぢばより電報がまいり、道友社講師、引き続き布教部講師を拝命いたしました。私は前述のごとく、末端教会の者です故、極力ご辞退申し上げたのですが、

「おぢばで選考の結果、決定したのである。おぢばの御用と思い、手弁当でおたすけに駆けつける心でつとめていただきたい」

と仰せられ、爾来《じらい》、

「北陸だ」「ハイ」

「四国だ」「ハイ」

と、届かぬながら素直につとめさせていただいてまいりました。行く先々で
私が、

「初めまして」

とご挨拶《あいさつ》申し上げますと、先方様は、

「林先生のことはよく存じております」

「教館で聞きました」

「『みちのとも』で読みました」

と、どこへ出させていただいても皆、私のことをご承知です。

先年ご指名を頂き、ラジオの朝日放送で講演をさせていただいた時、アナ
ウンサーの、

「ただいまの講演は天理教の林壽太郎氏であります」

との紹介の辞を聞き、フト十数年前、教区長様が、

「林さん、私の希望するのは京都の林でなく、天理教の林になってもらうこ

とだ」

と仰せいただいたお言葉を思い出しました。

私自身、天理教の林とは、教祖のひながたをたどり、素直に御《み》教え通りを実行することだと、ただ一筋にうつむいて、黙々とご恩返しにつとめさせていただいておりましたのに、フト気がついた時には、いつしか親神様のお引き立てを頂いており、当時、微々たる教会長だった私に仰せいただいた教区長様のお徳を、いまさらながらに感謝させていただいたのであります。

心の成人こそ、理の成人の土台であると悟らせていただきます。

たすけ一条

第六は、たすけ一条への丹精であります。たすけ一条への丹精こそ、私たちのいんねんを切り替え、陽気ぐらしへ進ませていただける肝要なつとめであります。

このみちは心の更生により、新しい運命を開かせていただく信心であります。初めておみちのお話を聞かせていただいた時が魂の誕生日で、私たちをご創造くださいました真のをやである親神様と、親子の初対面をさせていただいた日であります。

生まれたての赤子は、目も見えず、ただ乳を吸うことと、泣くことより知りません。自分を産んでくれた親の顔さえ分からず、まして寝食を忘れて愛育してくださる親心や、そのご恩など分かるはずもありません。それと同じく、初めてこのおみちに入信された方は、にをいの親や理の親が、なんでもたすかっていただきたいという上からご苦心くださるその真心がなかなか分からず、理屈を言ったり、不平を並べたりされます。

「腹を立てては親とは言えん」

「育てば育つ、育てにゃ育たん」

と聞かせていただいておりますが、むずかる赤子をなだめすかして育成につとめる親と同じように、うまずたゆまずご教理を取り次ぎ、丹精を込めてくださる理の親のまことにより、やがて赤子が親の顔も分かり、笑うようになるごとく、漸次《ぜんじ》、理の親の真実も分かり、機嫌よく笑顔で迎えられるようになります。

なかには五年、十年たっても悟れない人もありますが、それは前生いんねんで、心の目が開かない気の毒な人であります故、そうした方ほど一層丹精を込めさせていただくことが大切です。その真実を、人は知らなくても、親神様、教祖は一層お喜びくださり、お受け取りくだされているのです。

子供も五、六歳になると親を慕う心も深く、機嫌のよい時は外で遊んでいますが、ころんで怪我《けが》をしたり、着物を汚したりしますと、親の元へ泣いて帰ってきます。

順調な時には、親神様のご恩を忘れてご無沙汰《ぶさた》していますが、身上や事情が起こると、あわてて教会へ駆けつけてくるのは、目前のたすかることのみにとらわれた、自己中心の子供の信心であります。

親はころんで帰ってくる子供の傷を手当てし、汚れた着物を洗濯するように、理の親は、理の子の上に現れるいかなる身上・事情も、自己のさんげとしてお詫《わ》びをし、温かい親心で抱きかかえ、親神様のご守護が頂けるようお願いをしてくださいます。

小学校へ入学しますと、親は子供の将来を考え、勉強しなさいよと申しますが、子供は自分のために言ってくださっているのだということが分からず、親が言うから仕方なく、しぶしぶ勉強をし、親が目をはなすと遊ぶことばかりを考えています。理の親が、

「月次祭にかえりなさいよ」

「おつくしをさせていただきなさいよ」

「にをいがけをしなさいよ」

と、繰り返し繰り返し仰せくださるのも皆、たすかっていただきたい上から言われるのですが、子供の信心の間は自分のためを思うて言ってくださるのだということが分からず、

「また、いつも同じことを言われる」

と、理の親を不足したり、しぶしぶ月次祭にかえったり、おつくしをしたりしております。

それが高校や大学になりますと、勉強するのは我がことと分かり、親より

言われなくとも自発的に勉強するように、つくし・はこびも、にをいがけも皆、我がことと悟り、理の親より言われなくとも、自ら進んでさせていただけるようになってこそ、成人した信心と申せるのであります。

やがて成人したあかつきには、結婚し、子を産み、親となるのが人生自然のみちで、「子を持って知る親の恩」と申しますように、自分がにをいの親、理の親となって、初めて親神様、教祖のご恩や、自分に丹精を込めてくださった理の親の真実が分からせていただけるのであります。

しんぢつにたすけ一ぢよの心なら
なにゆハいでもしかとうけとる　三 38

わかるよふむねのうちよりしやんせよ
人たすけたらわがみたすかる　三 47

と仰せくださいますごとく、多くの子供を持った人は、子盛りの時は苦労ですが、将来は子や孫に取りまかれて賑《にぎ》やかに暮らせるように、世界一れつ陽気ぐらしをお急《せ》き込みくださる親神様の思召《おぼしめし》に沿い、にをいがけやおたすけにいそしむ者は日々忙しく、苦心、苦労も多いですが、末になればなるほど、多くの人々から理の親と慕われ、楽しく陽気に暮らさせていただけるのです。たすけ一条に丹精し、理の親へ成人させていただく信仰こそ肝要であると存じます。

旬の理

最後に、大切なことは、旬の理を頂くということであります。お米でも麦でも種《たね》を蒔《ま》く旬があり、修理肥《こ》やしをする旬があります。

「一日の遅れは千日の遅れになる」

と聞かせていただいておりますように、その旬をはずしては無駄働きとなります。おぢばから打ち出される旬の理は親神様の声で、その旬は一層おぢばの理が国々へお働きくださり、珍しいご守護の現れる旬であります。

昭和二十七年十月、教祖七十年祭のお打ち出しを頂き、三年千日、年祭をめどうにひたすらご恩返しにつとめさせていただいたのでありますが、いよいよ昭和三十一年一月、ご年祭を迎えさせていただきます時、心定め通り、教会、布教所、集談所を七十カ所以上に達成させていただき、弘徳学園鼓笛隊を先頭に、千五百名が揃《そろ》って教祖にご挨拶《あいさつ》にかえらせていただきました。これ全くご年祭という旬の理、おぢばの理を頂いたからこそであります。

同年五月、私の方の教会で教祖七十年祭を執行させていただきました時、立錐《りっすい》の余地もない超満員の状況を上級教会長様がご覧になり、

「大きい心になって大きなおやしきを授けていただくように」

と、突然お言葉を賜《たまわ》りました。私はまだまだ先にと思っていましたのに、これまた突然、十一月に現在地の北区小山堀池町三六の新やしきが決定し、神殿ならびに附属建物の建築も順調に進捗《しんちょく》し、滞りなく昭和三十二年十二月、新築移転奉告祭を執行させていただきました。まことに奇跡とも言うべきご守護で、これもひとえに教祖七十年祭の御理の賜物《たまもの》であります。

陽気ぶしんと名づけて、ふしんが開始されるや、大工、左官をはじめ延べ一万八千余の人々が約一年にわたり、連日嬉々《きき》としてひのきしんをしてくださいました。おぢばのおやさとやかたのごふしんに、せめて月に一回でもひ

のきしんをさせていただきたいと、三年千日、毎月団参をさせていただきましたが、そのおやさとやかたが竣工《しゅんこう》されるや、早速、私の方の教会のひのきしんを始めさせていただくようになるとは、夢にも思わなかったことであります。

　ふしんの最初に、私は、

「ひのきしんは手伝うのではなく、各自がお徳を頂く我がことをさせていただくのですから、教会よりは一切おやつは出しません。一日五十人平均として、十円のパン一個ずつでも日に五百円、一カ月一万五千円、半年で九万円、一年なら二十万円近くなるのです故、それだけ理立てを余分にさせていただきます」

と発表いたしましたが、皆々勇んで各自が手弁当、篤志《とくし》米、おやつ持参でひのきしんにいそしんでくださったのであります。私が三年千日、おぢばへ手弁当、一握り献米、おやつ持参で伏せ込ませていただいた通りの理の現れで、

　やしきハかみのでんぢやで
まいたるたねハみなはへる　七下り目　8

とのお言葉通り、おぢばに伏せ込ませていただいた理ほど、あざやかであり、ありがたいものはありません。

かく順調にご守護を頂いた原因はどこにあるか。理は元にあると聞かせていただいておりますように、二十年前に建築させていただきました時に、その種があるのであります。

先に申しましたように、上級教会が新神殿を建築されるに当たり、旧神殿をどうしても取り除かねばならず、直属の部内教会へお話をされましたが、移転費だけでも三千円かかり、そのうえ敷地を拵《こしら》えねばならぬので、お受けするところがなく、外部へ売却しようとすると、村の集会所程度ですから時価二百五十円とのことですので、最後に孫の教会である私の方へ「嫁入り娘と同じで、貰《もら》っていただいて喜ぶ」と仰せいただきました。私の方としては、親教会のふしん最中でお金もない時ですが、ただただ上級の会長様にお喜びいただきたいという上からお受けいたしました。

いよいよ敷地が決定し、その旧神殿の移転工事に着手させていただこうとなりました時、上級の役員先生が見えて、後の工事の都合で、あの柱は残してほしい、この瓦は残してほしいと仰せられ、その上に「外部へ売ったら二百五十円ですが、五百円納めていただけませんか」と言われたのであります。

移転費だけでも三千円かかるのに、そのように言われましたので、大工の棟梁《とうりょう》は腹を立てて、

「あれ残せ、これ残せと自分のよいようにして、まだその上、世間相場の倍額も請求するとはひどすぎる。あんな古い物を貰わず、いっそ新築した方がましだ」

と力説されました。父と私は棟梁を慰め、

「おみちは、すべて理の親のご都合のよいように、ハイハイと素直に受けさせていただいたらよいのだ」

と申し、苦しい会計の中から、上級教会の仰せ通り、五百円と別に神饌料《しんせん》まで添えて納めさせていただきました。大工の棟梁はあきれかえって、

「天理教の人のすることはさっぱり分からん」

と言われました。

上級教会は、旧神殿を最初、百余坪の地に建築されましてより、二十年目

に八百余坪の現在地へ新築移転せられし由を承《うけたまわ》っておりますが、その旧神殿をお譲りいただいた私の方の教会も、昭和十二年に百三十八坪の地に建築させていただいてより、二十年目の昭和三十二年に六百五十余坪の現在地へ新築移転をさせていただくこととなり、奇《く》しくも親のひながた通りをたどらせていただくこととなったのであります。

　上納させていただきました五百円の内、二百五十円は目に見えた建物をお譲りいただく理立てで、あとの二百五十円は、その神殿により発展された、目に見えぬ上級教会の御理を頂いた理立てであります。その目に見えぬ御理を頂いたからこそ、親のひながた通り、同じく二十年目に大なるおやしきへ新築移転させていただける姿を見せていただけたのです。

　よくぞ、旧神殿を譲り受けたあの時に、上級の役員先生が、時価二百五十円のものを倍額の五百円と言うていただいたことだ。また、それを、私たちも素直に喜んで受けさせていただいておいたものだと、今日になると、あまりにもあざやかな理の働きを見せていただき、感謝感激にたえない次第であります。

おぢばや上級教会へのおつくしは、決して出すのではないのであります。おぢばの御用をつとめる時は、おぢばの理が頂ける時であり、上級の御用をつとめる時は、上級のお徳の頂ける時であります。迎える心一つの理によって、つとめただけ、伏せ込んだだけの理が返ってくる。神は理なり、理が神なりと承る、理一条がはっきり分からせていただくところに、いかなることが起こってきましても安心して通り切り、陽気ぐらしへ進む、神一条の筋金の入った信仰も貫徹させていただけるのであります。

思えば、深き親神様の思召《おぼしめし》により、大正四年、父母がみち一条に立たせていただきましてより今年が四十四年、大正七年、弘徳宣教所設立のお許しを頂きましてより四十一年、昭和二十五年、初代会長の父が七十一歳で出直しさせていただきましてより数え十年に当たります。

先祖代々短命だった林家が現在、母は七十九歳の高齢で、いともすこやかに過ごさせていただき、子、孫、曾孫《ひまご》まで見せていただいて、麗《うるわ》しき親神様のおやしきで、日々、人様にたすかっていただくことばかりにつとめさせていただいている結構なご守護を頂き、殊には、二十歳で肺浸潤《はいしんじゅん》を患い、すでに出直しを覚悟しておりました私が、これまた、今日まで壮健で通らせていただき、弘徳分教会二代会長を継ぎ、届きません者が、地方委員、支部長、布教部講師、布教委員会委員と、お引き立てを頂いて、恙《つつが》なく御用をつとめさせていただいてまいりましたのは、親神様、教祖、祖霊《みたま》様、上級教会長様方は申すまでもなく、各方面の先生方のお引き立ての賜物と、日夜、感謝感激、四方八方を拝んで通る心を持たせていただいております。

年限がたてばたつほど、いたらなさが身に染みて、日夜お詫《わ》びとさんげを繰り返しておりますが、今後とも、親神様の思召のまにまに、教祖にお連れ通りいただき、たすけ一条に挺身《ていしん》し、ひたすらご恩返しに邁進《まいしん》させていただきたく存じおります。

あとがき

　道友社よりご指名を頂き、届きません者ですが、今日までのみちすがらを通して悟らせていただいたところを書かせていただきました。特に、初めてこのおみちのお話を聞かれた方や、新しくみちのよふぼくとして立っていただく方々にもご参考にしていただければと存じ、私のみちのかかりのことを土台として述べさせていただきました。

　文筆に経験のない者が、おみちの御用を忙しくつとめつつ、浮かばせていただいたところを短時日の間に書かせていただき、推敲《すいこう》を重ねる暇もなく、私自身恥ずかしく存じおりますほどの拙《つたな》い文章ではありますが、その奥に秘められた尊いおみちの理を、ご判読いただきますようお願いいたします。

殊に、ふしぎなご守護を頂ける、親神様や教祖に受け取っていただく真剣な心の悟りや理のつとめは、容易に筆舌《ひつぜつ》に表すことはできず、あくまでも陰の理として埋《うず》めて通らせていただきたいのが私の本意ですが、親神様や教祖の温かい親心や、天の理のあざやかさを、皆様に分かっていただきたい上から、布教体験の片鱗《へんりん》を述べさせていただいたのであります。

私は会う人会う人がお師匠様で、どんなことを見ても聞いても、その方を通じて、親神様が私の成人を図ってくださっているのだと悟り、皆様のおかげで今日の理を頂いたのだと、日々、四方八方を拝んで通る心を持たせていただいております。その四方八方へのご恩返しとして、未熟な小書ではありますが、いささかにてもたすけ一条のお役に立たせていただけば幸いと存じおります。

本書の出版に当たり、布教部長中山慶一《なかやまよしかず》先生の序文を賜《たまわ》りましたことは、名もなき第一線の教会長として成人させていただきました私にとりまして、まことに夢のような感激で、厚くお礼申し上げますとともに、編集にご高配を頂きました道友社の方々に深謝いたし、後記とさせていただきます。

昭和三十四年七月二十六日

林　壽太郎

復刊に寄せて

祖父林壽太郎は、初代である曾祖父の信仰を引き継ぎ、にをいがけ・おたすけに邁進《まいしん》し、今日の弘徳分教会の礎を築きますとともに、教祖八十年祭の時旬には、二代真柱様が仰せくださった諭達をわが事として海外進出の心を定め、アメリカ・サンフランシスコに教会を設立し、晩年はその初代会長として海外布教にも心を尽くし、まさに世界たすけの御用を生涯かけてつとめました。

祖父は昭和五十六年八月に出直しましたので、はや三十余年を数えます。

このころ、私はおぢばの高校に在学していましたが、中学三年生の十二月、この『理はあざやか』や、続いて刊行された『理がはたらく』など、祖父が書き残してくれた著書に、「嫡孫、伊久男へ」とサインしてくださり、直接受け取ったことを覚えています。

当時の私は少年会員のことでありますから、昔話と受け止めていた感もあるのですが、こうして初代会長である曾祖父が入信する以前の林家のいんねんや、信仰の元一日、そして曾祖父や祖父の道すがらやご守護いただくための信仰信念を書き残してくださったことは、今では本当にありがたく思わせていただきます。

林家は曾祖父や曾祖母だけでなく、その親々も、親が短命というぃんねんから、義父義母の中で厳しい幼少期を過ごしています。当時のことですから、今の時代以上にいろいろな苦心があったことと思案いたします。

曾祖父が「林家ほどいんねんの悪い家はない。私ほど不幸なものはなかった」といつも申されていたとのことですが、今日、結構に通らせていただいておりますことは、この信仰のおかげ、そして親々が信じ切ってお通りくださったおかげだと心から思わせていただきます。

今年は、林家にとりまして、意義ある年でもあります。

曾祖父が京都の中心街、三条河原町で営んでいました菓子問屋「塩林堂」

を廃業し、道一条を定めましたのが大正四年八月ですので、今年はちょうど百年となります。

先だってより教会では、道一条百周年ということから、父である三代会長の監修のもと、信仰の元一日やその道すがらを展示しています。

信仰を深めようとした曾祖父に、親族一同が大反対をし、揃《そろ》って押しかけるだけでなく、朱書きの意見書を送りつけてきましたが、百年経《た》った今、その意見書も皆さんにご覧いただいています。百年前の今ごろは、曾祖父はどのような心境であったろうかと思案いたします。

その意義ある年に、このたび『理はあざやか』を復刊してくださるとのありがたいお話を聞かせていただきました。

祖父が出直しましてから三十余年が過ぎ去った今、祖父が直接おたすけした人たちや丹精された方々は、時の流れの中で少なくなってまいりましたが、このたびの復刊は、あらためて今、私たちに直接お仕込みくださっているようにも思えます。

今までも重ねて読ませていただいている文書ではありますが、あらためて深く心に修めさせていただき、親々の信仰信念を引き継ぐことができるよう努力を重ね、霊様《みたま》にご安心いただける世界たすけの道を邁進させていただきたいと思います。

平成二十七年六月八日

弘徳分教会四代会長　林　伊久男

林壽太郎（はやし・じゅたろう）
明治40年（1907年）、京都市に生まれる。昭和2年（1927年）、天理教校別科第38期卒業後、錦京宣教所（現・初弘徳分教会）2代会長に就任。20年、父・伊太郎の後を継ぎ、弘徳分教会2代会長を拝命。44年、サンフランシスコにアメリカウエスト教会を設立、同初代会長を務める。道友社・布教部・天理大学伝道課程・「憩の家」事情部の各講師、布教委員会委員などを歴任。56年、74歳で出直し。著書に『理がはたらく―海外布教かぶりつき―』（道友社刊）がある。

道友社文庫
理はあざやか

立教178年（2015年）7月26日　初版第1刷発行

著者　林壽太郎

発行所　天理教道友社
〒632-8686　奈良県天理市三島町271
電話　0743（62）5388
振替　00900-7-10367

印刷所　株式会社天理時報社
〒632-0083　奈良県天理市稲葉町80

ISBN978-4-8073-0592-6
定価はカバーに表示

TENRIKYO DOYUSHA